I0839782

ANNE E DÜNZELMANN

Der ehrenwerte Herr L.

Ein SS-Offizier unter Verdacht

Bibliographische Information der Deutschen Nationalbibliothek.
Die Deutsche Nationalbibliothek verzeichnet diese Publikation
in der Deutschen Nationalbiographie; detaillierte bibliographische
Daten sind im Internet über http://dnb.ddb.de abrufbar.

© 2018

Anne E Dünzelmann

Herstellung und Verlag - BoD – Books on Demand, Norderstedt

ISBN 978-3-75281-445-3

Grafik: Bernd Lübbers

Inhalt

Prolog

Der Oberregierungsrat Lumm kam oft in die Buchhandlung gegenüber der katholischen Kirche im Bremer Schnoorviertel. Er war Leiter einer Behörde, literarisch interessiert, gebildet, gläubiger Katholik, guter Familienvater. Äußerlich machte er einen sehr gepflegten Eindruck, vermittelte Integrität, Distinktion, eine sein Ich tragende Ruhe. Kein Chaos war sichtbar, keine Brutalität, keine Falschheit. Uns Auszubildenden begegnete er mit Höflichkeit, ohne Anmaßung. Ein Mann, der mit sich im Reinen war. Oft wurde über ihn in der Buchhandlung bewundernd gesprochen.

Eines Morgens im Frühsommer 1960 raste der Besitzer der Buchhandlung herein und rief spontan: »Kinder, habt Ihr schon die Zeitung gelesen? Stellt Euch vor, unser Herr Lumm ist verhaftet worden. Er soll an Judenerschießungen in Lemberg[/Lwiw][0] beteiligt gewesen sein!« Das saß. Nach einer Weile und spontanen Äußerungen von Ungläubigkeit und Entsetzen kristallisierte sich die Frage nach der aktuellen Persönlichkeit des Herrn L. War er wirklich ein Nazi, ein Kriegsverbrecher gewesen und, das vor allen Dingen, war er immer noch ein Nazi? Hat er seine Tat verdrängt oder vielleicht bereut, seine Schuld eingestanden? Wie kann jemand sich so verstellen, über Jahre hinweg. Hoffte er, unentdeckt zu bleiben hinter seiner Maske der Wohlanständigkeit? Dachte er, sich hinter und in seiner Familie, der Kirche und der sozialen Stellung als Oberregierungsrat verstecken zu können? Wie konnte er überhaupt zu dieser Position gelangen? Er war doch bei der Gestapo tätig gewesen und muss als solcher den früheren Verfolgten und späteren politischen Machthabern bekannt gewesen sein.

Die erzählende Protagonistin fuhr in der Mittagspause nach Hause und traf dort einen Bruder der Mutter an. Mit ziemlicher Verstörung erzählte sie von dem Geschehen. Der Onkel reagierte mit Wut: »Recht so, sie gehören alle verhaftet, das sind Verbrecher.« Für die

Neunzehnjährige war das ein klarer Standpunkt und brachte Ruhe in das momentane persönliche Chaos. Doch die Causa Lumm trieb die sich betrogen fühlende Protagonistin lange um und soll hier endlich Klärung erfahren. Jahrzehnte später öffnete sich wieder die Datei Lumm und damit Fragen wie:

- Hat Hermann Lumm sich schuldig gemacht?
- Ist er verurteilt worden?
- Hat er sich seiner Schuld gestellt und seine Zeit in der SS und im SD überhaupt bereut?

Letztendlich geht es vor allem um Schuld, Sühne und Gerechtigkeit.

In der Folge wird seiner Lebensgeschichte im Kontext zu den politischen Ereignissen nachgegangen. Wobei der subjektive Faktor in Relation zum objektiven Handeln mitzudenken wäre.

Rekonstruktion

Hermann Heinrich Wilhelm Lumm

* 2. 3. 1912 in Bremen, † 8. 10. 2000 in Bremen

SS-Nr. 272.349; NSDAP-Nr. 4.183.394

Hermann Lumm wuchs in der St. Jürgenstraße im Bremer Steintorviertel in einer Familie mit evangelischer Konfession auf. Der Vater Paul war laut *Bremer Adressbuch* von Beruf Seemann bzw. Schiffsoffizier und etwa ab 1920/21 als Weserlotse tätig. Politisch gehörte er dem ›Stahlhelm. Bund der Frontsoldaten‹ an, während die Mutter aus einem sozialdemokratischen Elternhaus stammte. Zu dieser Zeit lebte die Familie in der Lloydstraße, während Hermann nach der Volks- bzw. Vorschule 1921 die sechste Klasse (Sexta) des Bremer Realgymnasiums (das heutige Hermann-Böse-Gymnasium) besuchte. Im September 1922 verließ Hermann diese Schule als Fünftklässler und zog mit der Familie nach Bremerhaven/Wesermünde. Dort war er zunächst auf der Realschule und von 1927 bis 1929 auf der Oberrealschule in der Hafenstraße. Danach besuchte er für ein Jahr die Höhere Handelsschule, schloss aber nicht mit dem Abitur ab und begann im April 1930 eine kaufmännische Lehre. Nach kurzer Tätigkeit als kaufmännischer Angestellter wurde er Anfang 1933 arbeitslos. Nach eigener Aussage war er bis dahin politisch nicht aktiv gewesen und 1933 politisch noch unreif. Doch blieb die nationalsozialistische Machtübernahme nicht ohne Eindruck auf ihn. Von März bis Oktober 1933 hielt er sich im Arbeitslager Sandstedt/Unterweser des ›Jungstahlhelm‹[1] auf. Ab Oktober arbeitete er erneut als kaufmännischer Angestellter. (StAB 4,39/2-; 4,66-I-6871; 4,82/1)

1: *Hermann Lumm, li., Erwin Schulz, re.*
im Polizeihaus Bremen, April 1937
an der Wand ein Ausspruch von Heinrich Himmler

Zum Februar 1934 konnte Lumm als Verwaltungsangestellter beim Zoll und später bei der Polizeidirektion Wesermünde tätig sein, womit der Grundstein für seine polizeiliche Karriere gelegt wurde. In diesem Jahr begann auch der langanhaltende berufliche Kontakt zu Erwin Schulz (→ II.1). Ende 1934 »wurde ich als Angehöriger der Gestapo automatisch in den SD übernommen und damit SS-Angehöriger (Rottenführer)«, so seine spätere Aussage. Laut Aktenvermerk war er allerdings bereits seit dem 1. Mai 1933 Mitglied der SS. Im SD war er seit Oktober 1935 ehrenamtlich tätig. In diesemZeitraum kam er zur Abteilung Abwehr und Grenzpolizei, 1936/37 absolvierte er einen Kriminalkommissar-Lehrgang in Berlin und trat 1937 der NSDAP bei. Laut Personalbericht war er ab April 1937 bei der Staatspolizei in Wesermünde tätig und leitete die Abt. III (Abwehr und Grenzpolizei: Passabfertigung im Überseeverkehr) mit dem Rang ein es SS-Stamm-Rottenführers im SD Nord-West. Konfessionell verortete er sich jetzt als »gottgläubig«[2]. (StAB 4,66-I-6871; 4,89/3-921) Doch blieb er mutmaßlich weiterhin Mitglied der Evangelischen Kirche, wie aus seiner Bremer Meldekarte hervorgeht. (StAB 4,82/1)

Im Sommer 1938 heiratete er die 1917 geborene Selma Laue, mit der er sechs Töchter und einen Sohn haben sollte. Der Eheschließung vorausgegangen war ein Antragsverfahren beim SS-Sippenamt. Wobei sich herausstellte, dass Selmas Vater wegen einer manisch-depressiven Erkrankung in Behandlung war. Was einen deutlichen Minuspunkt für Lumm als SS-Mann darstellte. Trotz einiger Bedenken wurde Lumm am 18. Juni die Heiratserlaubnis erteilt, doch konnte er nicht mit »einer Eintragung in das Sippenbuch der SS rechnen«.[3] Zumal auch der Vater von Lumm nicht ganz einwandfrei war: 1936 war er »wegen schwerer Urkundenfälschung in Tateinheit mit Betrug zu einem Jahr und 3 Monaten verurteilt« worden. (StAB 4,66-I-6871) Noch im gleichen Jahr wurde das erste Kind geboren. Es ist anzunehmen, dass Selma L. ebenfalls stark nationalsozialistisch orientiert war, da auch sie konfessionell als ›Dissidentin‹ geführt wurde. Ebenso die drei ältesten, im Zeitraum von 1938 und 1941 geborenen Kinder. Mit dieser Zugehörigkeit bewiesen die Lumms auch spirituell ihre Verbundenheit mit der nationalsozialistischen Ideologie. (StAB 4,82/1) Ebenfalls 1938 wurde Lumm Mitglied der NSV und stieg zum SS-Untersturmführer auf. (StAB 4,66-I-6871) In diesem Zeitfenster war er dienstlich auch mit Erwin Schulz verbunden. Dieser schätzte Lumm sehr, hatte aber nach seiner Aussage keinen persönlichen Kontakt zu ihm. (StAB 4,89/3-923)

Perſonal=Bericht

des **SS-Sta.Rottenf.**   **Hermann Lumm**   **SD-Oberabschn. Nord-West**
(Dienſtgrad)   (Vor- und Zuname)   (Dienſtſtelle und Einheit)

Mitgl.-Nr. der Partei: **4 183 394**   SS-Ausweis-Nr. **272 349**

Eintritt in die Dienſtſtellung: **ehrenamtl. im SD seit 14.10.35** Beförderungsdatum zum letzten Dienſtgrad: **30. 1. 37.**

Geburtstag, Geburtsort (Kreis): **2. 3. 1912 in Bremen**

Beruf: 1. erlernter: **Kaufmann**   2. jetziger: **Kriminal-Kommissar**

Wohnort: **Wesermünde**   Straße: **Deutscher Ring 5**

Verheiratet: **Ja.** Mädchenname der Frau: **Selma Laue**   Kinder: **—** Konf.: **gottgl.**

Hauptamtlich ſeit: **ehrenamtlich**

Vorſtrafen: **keine**

Verletzungen, Verfolgungen und Strafen im Kampfe für die Bewegung: **keine**

Beurteilung

I. Allgemeine äußere Beurteilung:

1. raſſiſches Geſamtbild: **Gut. Sehr groß und schlank, brünett.**

2. perſönliche Haltung: **Ruhig und selbstbewußt.**

3. Auftreten und Benehmen in und außer Dienſt: **Sachlich und diszipliniert.**

4. geldliche Verhältniſſe: **geordnet**

5. Familienverhältniſſe: **geordnet**

II. Charaktereigenſchaften:

1. allgemeine Charaktereigenſchaften: **Offenheit und vernünftiger Ehrgeis.**

2. geiſtige Friſche: **L. ist bestrebt, das von ihm geleitete Arbeitsgebiet ständig weiterauszuentwickeln.**

3. Auffaſſungsvermögen: **Gut.**

4. Willenskraft und perſönliche Härte: **L. weiß sich in jeder Lage durchzusetzen.**

5. Wiſſen und Bildung: **Erheblich über dem Durchschnitt. Vielseitige Interessen.**

6. Lebensauffaſſung und Urteilsvermögen: **Pflichtbewußte Lebensauffassung. Gutes Urteils-vermögen über Unterstellte.**

7. besondere Vorzüge und Fähigkeiten: **Organisatorische Fähigkeiten. Ausgesprochene Führereigenschaft**

8. besondere Mängel und Schwächen: **keine**

Personal-Bericht Hermann Lumm 1937 (StAB 4,66-I-6871)

Im Krieg

Von April bis September (oder Juli?) 1940 war Lumm vorübergehend in Oslo im Rahmen eines Sipo-Einsatzes als Grenzinspekteur tätig. Danach ließ er sich beurlauben, um in Berlin das Abitur nachzuholen und ein Jura-Studium zu beginnen. Ab Oktober war er mit der Familie in Berlin-Treptow gemeldet bis zum 8. Mai 1945. Er selbst war im Rahmen seines Studiums Anfang 1941 Teilnehmer eines Sonderlehrgangs für Anwärter des leitenden Dienstes. Der Lehrgang fand in der von Erwin Schulz geleiteten Berliner Führerschule der Sipo statt. Im Mai 1941 wurden alle Teilnehmer nach Pretzsch an der Elbe nahe Wittenberg zur dortigen Grenzpolizeischule des RSHA[4] abkommandiert. Die hier im Juni für den Krieg im Osten gebildete Einsatzgruppe C hatte Order, im Rahmen des ›Unternehmens Barbarossa‹[5] während des Russlandfeldzugs die ›jüdisch-bolschewistische‹ Intelligenz zu beseitigen. (Vgl. II.2) Ihr unterstellt waren die Sonderkommandos 4a und 4b sowie die Einsatzkommandos 5 und 6 mit je 200 Mitgliedern, denen durchaus klar war, was von ihnen erwartet wurde. (Struve)

Seinem Rang nach war Lumm jetzt SS-Obersturmführer und Mitglied des von Schulz geleiteten EK 5, dem er also erneut unterstellt war. Er gehörte zwar nicht zu den oberen Befehlsrängen, führte aber später ein Teil- bzw. Exekutionskommando. (StAB 4,89/3-921, -923) Jedes der EK-Mitglieder erhielt zusätzlich zur Dienstpistole einen Wehrmachts-karabiner und kurz vor dem Ausrücken Richtung Osten die entsprechende Munition.

Um den 21. Juni wurde in Pretzsch das aus drei Teilkommandos bestehende EK 5 nach Osten in Marsch gesetzt. Etwa zwei bis drei Tage vorher war den Führern der Einsatzgruppen und –kommandos der Einsatzraum mitgeteilt worden. Bereits vorher waren die Kommandos 4a, 4b und z.b.V.[6] aus Pretzsch abgerückt. (Vgl. Krausnick) Die geplante Route führte über Krakau nach Lemberg und weiter über Shitomir/Schytomyr nach Kiew/Kyjiw mit Abstechern in den Raum um Berditschew/Berdytschiw und um Uman. Die beiden letztgenannten Orte waren Räume mit starker jüdisch-chassidischer Präsenz und Bedeutung. (Vgl. II.3) Nach Lumms eigener Aussage im Mai 1960 und der einiger ebenfalls verhafteter Mitglieder des EK 5 war dieses Anfang Juli 1941 in Lemberg eingetroffen. Auf dem Weg dorthin durchquerte das Kommando auch die polnische Grenzstadt Przemyśl[7], wo es bereits 1939 zu Drangsalierungen und Liquidierungen von Juden gekommen war. (StAB 4,89/3-921; Varia)

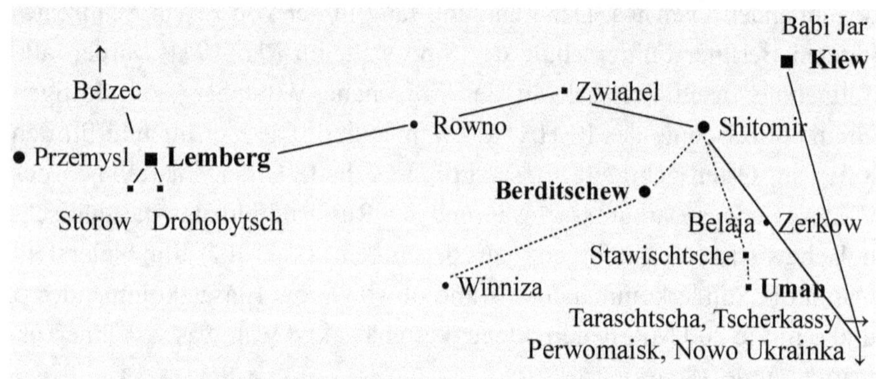

Skizze 1: *Operationsgebiet Einsatzgruppe C und Einsatzkommando 5*
Juli bis Dezember 1941

In Lemberg löste das EK 5 das inzwischen weiter nach Osten gezogene EK 4a ab. Zu diesem Zeitpunkt lebten dort etwa 150 000 Juden, die ein Drittel der Bevölkerung stellten, gegen die sofort ein Vernichtungsprogramm eingeleitet wurde. Doch zuvor war die 1. Gebirgsdivision aktiv geworden, entsprechend den Vorgaben der im Russlandfeldzug eingerichteten 17. Armee. Die Wehrmacht fand beim Einmarsch in Lemberg in den drei Gefängnissen von den Sowjets vor ihrem Rückzug massenhaft ermordete Häftlinge vor. Es waren vor allem ukrainische Nationalisten und politische Gegner, die aus logistischen Gründen von der abrückenden Sowjetarmee nicht mitgenommen werden konnten und wollten und daher liquidiert wurden. Dieses Vorgehen instrumentalisierten Wehrmacht und RSHA für ihre Zwecke und Ziele und machten gegenüber der ukrainischen Bevölkerung die ›jüdischen Bolschewisten‹ dafür verantwortlich. In einer Vergeltungsaktion der ukrainischen Miliz bzw. des Bataillons ›Nachtigall‹ unter dem späteren Bundesminister Theodor Oberländer wurden viele Juden in Lemberg aus ihren Häusern und Wohnungen gezerrt und in die Gefängnisse gebracht. Dort mussten sie die verwesenden Leichen in die Gefängnishöfe bringen und bei der Entsorgung helfen. Während die Wehrmacht weiter nach Osten zog, oblag der nachrückenden Egr C die Erledigung der geplanten Vernichtungsaktionen. (Varia)

Die Gruppe traf am 1./2. Juli in Lemberg ein und hatte die Aufgabe, einerseits nationalukrainische Umtriebe zu beenden, andererseits Juden zu exekutieren. So kam es am 2. Juli 1941 zur Erschießung von 100 jüdischen Personen auf dem Lemberger Sportplatz nahe dem Quartier der Egr C. Am 4. Juli wurden 3000 Juden am westlichen Stadtrand in einem Sandgelände, Piaski genannt, umgebracht. An dieser Aktion sollen die EKs 5 und 6 maßgeblich beteiligt gewesen sein. Ebenso kam es zu Exekutionen in Ortschaften außerhalb Lembergs, wie z. B. in Storow/ Storona und in Drohobytsch. (Vgl. Krausnick u. Struve) Darüber hinaus war noch das EK z.b.V. aktiv gewesen und hatte in der Nacht vom 3. zum 4. Juli in Lemberg 52 polnische Wissenschaftler liquidiert. Gegenüber der Truppe und den Einsatzkommandos rechtfertigten die Befehlshaber die Massaker damit, dass zuvor tausende Inhaftierte von ›jüdischen Bolschewisten‹ ermordet worden waren. Die Leichen wurden in dafür hergerichteten Massengräbern abgelegt. Laut Schulz bezeichnete man diese intern zur Verdeckung und Täuschung als »Wasserstellen«. (Vgl. II.1)

Ebenfalls begannen nach seiner Aussage die Erschießungen am 4. Juli, wobei ihm selbst klar war, dass unter den zu Erschießenden auch Unschuldige waren. Ihm wurde aber gesagt, dass ein auszuführender Befehl vorliege. Um seiner Truppe die Hinrichtungen zu erleichtern, sollten »die Exekutionen in ordentlicher und sauberer Weise durchzuführen« sein. Er hätte aber mit lauter Stimme erklärt, dass diese Personen auf Befehl des Führers wegen Beteiligung an den Morden in Lemberg zu erschießen seien. Niemand von seinem Einsatzkommando weigerte sich, an der Hinrichtung teilzunehmen. Hätte sich jemand in einem persönlichen Gespräch verweigert, hätte er, Schulz, einen Ausweg gesucht, um diesem eine Teilnahme zu ersparen. (StAB 4,89/3-923)

Lumm schilderte in seiner Aussage vom 4. Januar 1961 den Einmarsch in Lemberg so:

»Das EK 5 ist meiner Erinnerung nach in den ersten Tagen des Juli 1941 in Lemberg eingerückt. Ich habe noch in Erinnerung, daß weinende Menschen am Straßenrand standen, die uns etwas zuriefen und Gebärden machten, als ob sie irgendwie Hilfe von uns erwarteten. Über dem Stadtviertel, wo wir im [ehemaligen] NKWD-Gebäude Quartier bezogen, lag ein süßlicher Geruch. Man erfuhr dann damals gleich, daß es sich um Leichengeruch handelte, und daß in den Gefängnissen der Stadt in großer Menge Leichen vorgefunden waren. (...)

Was die Erschießungen in Lemberg angeht, an denen das EK 5 beteiligt war, so habe ich folgende Erinnerung: Eines Tages wurden wir in Lkw-s an den Stadtrand gefahren. Ich kann jetzt nicht mehr sagen, ob wir zugweise eingeteilt waren oder ob die einzelnen Erschießungskommandos unabhängig von der Zugehörigkeit zu einem Zuge zusammengestellt worden sind. (...)

Aus wieviel Männern das einzelne Erschießungskommando bestanden hat, kann ich nur noch unbestimmt sagen. Das Gleiche gilt, was die Zahl der von den einzelnen Erschießungskommandos zu erschießenden Menschen angeht. Ich habe die Erinnerung, als wäre angeordnet gewesen, daß mindestens zwei Schützen auf einen Menschen zu schießen hatten. Es wäre denkbar, daß etwa 30 bis 40 Männer geschossen haben. Davon ausgehend möchte ich meinen, daß die Zahl der zu Erschießenden jeweils 15 bis 20 betragen hat. Mit meinem Kommando habe ich, daß glaube ich bestimmt zu wissen, nur einmal geschossen. Wir haben an 2., möglicherweise auch an 3. Stelle geschossen. Auch nach meinem Kommando ist meiner Erinnerung nach noch geschossen worden.« (BA B 162/5226)

Weiter erinnerte Lumm sich, »daß Schulz auf dem Erschießungsplatz bekannt gegeben hat, es handele sich bei den Erschießungen um eine Repressalie gegen die Ermordungen in Lemberg, die auf Befehl des Führers durchgeführt wurde«. Doch hatten sie [als Ausführende] nichts mit Auswahl und Vorführung der Mordopfer zu tun gehabt. Nach seiner Erinnerung hatte das EK 5 »ziemlich vollständig an dieser Exekution teilgenommen«. Ob es sich dabei »um Juden gehandelt hat«, konnte Lumm nicht sagen. Zudem besaß er auch keine Erinnerung daran, »daß die vom EK 5 erschossenen Personen von dem Stadion aus zum Erschießungsplatz gebracht worden sind. (...) Ich habe auf dem Sportplatz damals auch Angehörige der Wehrmacht, der SS und der Schutzpolizei gesehen. Ich erinnere mich noch, daß die Zivilisten in Kreisen herumgejagt und geprügelt worden sind und daß dann Schulz noch dagegen eingeschritten ist.« (Ebd.)

Auf Vorhaltungen hin erklärte Lumm u. a.: »Daß die Vergeltungsaktion nur Juden erfaßt hat, ist mir nicht bekannt.« Er war auch nicht in der Verfassung, zu erkennen, »wer überhaupt dem Exekutionskommando gegenüberstand. (...) Ihm war auch nicht bekannt, »daß das EK 5 in Lemberg irgendwelche Aufgaben zu erfüllen gehabt hat, mit Ausnahme der Teilnahme an der Vergeltungsaktion.« [Will er tatsächlich nicht chassidische Juden an ihrem Habitus erkannt haben?] Über weitere Aktivitäten war ihm nichts bekannt. (Ebd.) Struve erwähnt in *Herrschaft* als einziger Autor die Mitwirkung Lumms an der Ermordung von Juden in Lemberg in einer Fußnote. Wie Mallmann in den *Ereignismeldungen* ausführt, soll es schon bei der Einnahme Lembergs Erschießungen von Juden gegeben haben. Als Täter wurden Ukrainer bezeichnet, die am 1. Juli einen regelrechten Juden- und auch Russenpogrom veranstaltet hätten. Laut Krausnick geschah das allerdings am 26. Juli. Monate später wurde in der *Ereignismeldung 127* vom 31. Oktober festgestellt, dass es beim Einsatz Anfang Juli in Lemberg bzw. Ostgalizien vor allem um die Entbolschewisierung ging. Aber auch um die zweite Gegnergruppe, die Juden. Diese machte man verantwortlich für die Aggression gegenüber Volksdeutschen und Ukrainern, wodurch eben besondere Gegenmaßnahmen erforderlich wurden. (Mallmann)

2: *Juden graben ihr eigenes Grab in Storow am 4. Juli 1941*

Am 19. Juli setzte das EK 5 den Vormarsch nach Osten über Rowno/ Riwne nach Zwiahel/Nowohrad Wolynskyi fort und anschließend nach Shitomir/Schytomyr. Von dort aus durchkämmte das Kommando in den nachfolgenden Tagen das Gebiet einschließlich Berditschew/Berdytschiw, woran auch Lumm beteiligt gewesen sein dürfte. Hingegen war das EK 6 um Winniza/Winnyzja herum aktiv. (Vgl. II.3; Mallmann Nr. 27, 28) Laut Lumm erfolgte in Berditschew »die Aufteilung in selbständig arbeitende Teilkommandos.« Nunmehr wusste er auch, dass ab Berditschew die »allgemeine Linie« dahin ging, »die Juden und sonstige sog. potentielle Gegner zu vernichten.« Er hatte aber die vage Erinnerung, »daß sich bezüglich der Juden die Vernichtung auch auf Frauen und Kinder bezöge«, wie auch von Schulz angedeutet. Er hatte das nicht »als regelrechten Befehl aufgefaßt, sondern angenommen, daß erwartet würde, entsprechend zu handeln.« Es war auch nicht die Rede davon gewesen, Juden und andere potentielle Gegner ohne ein vorhergehendes rechtliches Verfahren zu vernichten. Doch konnte Lumm sich nicht an eine Aktion in Berditschew erinnern, auch nicht an Heckenschützen, die sich in der dortigen Zitadelle befunden haben sollten. (BA B 162/5226)

Tatsächlich wurden dort im Juli und August in Abständen tausende Juden von EK-Angehörigen ermordet. (Mallmann: Nr. 28, 47; vgl. II.3)

Während der Stab der Egr C Mitte August nach Perwomaisk/Perwomajsk und am 20. August nach Nowo Ukrainka/Nowoukrajinka zog, blieben zwei Teilkommandos des EK 5 in Berditschew. Das von Lumm geleitete Teilkommando zog weiter nach Stawischtsche/Stawyschtsche in der Oblast Kiew. Von hier aus wurden ebenfalls Exekutionen in verschiedenen Ortschaften durchgeführt, was er allerdings verschwieg, ihm aber in den Vernehmungen vorgehalten wurde. So wurden am 22./23. September 1941 in Uman bzw. im angrenzenden Dorf Gorodetskoje/Horodetske in der Schlucht Suchoj Jar 1412 Juden liquidiert, wofür Lumm mitverantwortlich gewesen sein soll. (Vgl. II.3) In Stawischtsche sollte zudem die Verbindung zur Nationalukrainischen Bewegung hergestellt werden. Jeder Teilkommandoführer hatte nach Lumms Aussage nunmehr auch einen Vertreter. (Krausnick; StAB 4,89/3-921) Währenddessen kam 1941 in Berlin das dritte Kind der Lumms zur Welt. (StAB 4,82/1) Ein weiteres Teilkommando operierte in Taraschtscha/Tarascha, wo 1939 etwa 1140 Juden lebten. Sofort nach der deutschen Besetzung am 22. Juli 1941 wurde ein streng bewachtes Ghetto eingerichtet und ein Teil der Männer zum Arbeitseinsatz abkommandiert, ein anderer Teil außerhalb des Ortes exekutiert. Nach Aussage eines Überlebenden agierten in Taraschtscha die gleichen SS-Leute wie in Uman und Belaja Zerkow/Bila Zerkwa. (jewua.org)

Überhaupt durchkämmten in den Monaten August und September die EKs 4a, 5 und 6 der Egr C mit Unterstützung der Wehrmacht das Gebiet südlich von Shitomir, um es vor allem von Juden zu ›säubern‹. (Mallmann) Dementsprechend berichtete der Stab dieser Gruppe vom Standort Nowo Ukrainka Anfang September nach Berlin, dass »die exekutive Arbeit der Gruppe C« zur Zeit neben der »Aufrollung des Parteiapparats [der Kommunisten] und der Säuberung des Landes von Juden als übelstem Zersetzungsfaktor vor allem auch die Bekämpfung des Partisanenunwesens« umfasst. In Taraschtscha erfolgten z. B. 17 Exekutionen, in einem anderen Ort wurden von einem Kommando des HSSPF in drei Tagen 23 600 Juden erschossen. (Mallmann: Nr. 80)

Am 19./20. September rückte die EGr C in Kiew (vgl. II.3) ein, wo das EK 4a zehn Tage später in der nahe gelegenen Schlucht Babi Jar 33 771 Juden ermordete. Am 2. Oktober traf auch Himmler dort ein und ließ sich von diesem Massaker berichten. In den nachfolgenden Tagen kam es weiterhin zu massenhaften Erschießungen. Weiter wurde in den *Ereignismeldungen* darüber berichtet, dass die EKs mit Unterstützung der Wehrmacht die umliegenden Wälder nach Partisanen und auch Juden durchkämmten. Allein das EK 4a hatte insgesamt und »ohne fremde Hilfe« 51 000 Juden exekutiert. (Mallmann: Nr. 100, 106, 111, 128)

Vom Standort Kiew aus operierte das EK 5 im November 1941 zwar noch weiterhin mit Trupps in Rowno, Shitomir und Winniza. Auf Befehl des HSSPF Süd wurden z. B. Ende November in Rowno weitere 15 000 Juden liquidiert. Doch begann das Kommando sich allmählich aufzulösen, führte allerdings Anfang Dezember nochmals 1509 standrechtliche Erschießungen durch. (Mallmann: Nr 129, 135, 143) Anderen Quellen zufolge operierte das EK 5 zudem südlich von Kiew und liquidierte in Tscherkassy und Taraschtscha eine größere Zahl Juden. (yadvashem.org; revolvy.com)

Mutmaßlich im Januar 1942 wurde das EK 5 aufgelöst. Zusammen mit anderen Führern der Teilkommandos wurde Lumm nach Berlin zurück beordert – weg von der Ostfront. (StAB 4,89/3-921) Laut *Mitteilungsblatt der Staatspolizeileitstelle Berlin* vom 23. Jan. 1942 wurde der »Kriminalkommissar Hermann Lumm, Anwärter des leitenden Dienstes (...) mit dem Kriegsverdienstkreuz 2. Kl. mit Schwertern ausgezeichnet.« (BA 301Ct 179) Ab März gehörte Lumm zum ›Unternehmen Zeppelin‹, das etwa ab März 1942 mit dem Ziel einer verdeckten Kriegführung in sowjetisch besetzten Gebieten eingesetzt wurde. So meldete das *Mitteilungsblatt* am 13. März, dass Lumm und andere SS-Obersturmführer (alle Anwärter des leitenden Dienstes) »mit sofortiger Wirkung bis auf weiteres zum Osteinsatz abgeordnet« wurden. (Ebd.) Es ist allerdings unklar, wo genau er tätig war. Ab Oktober war er jedenfalls wieder in Berlin. Im gleichen Monat konnte er endlich sein Erstes Staatsexamen ablegen und sein Jurastudium fortsetzen. Im November praktizierte er in Königsberg und in Schlossberg/Pillkallen im Bezirk Gumbinnen als Verwaltungs-Referendar.

Sein Zweites Staatsexamen legte er im August 1943 in Berlin ab und arbeitete dann als Regierungs-Assessor (bzw. SS-Hauptsturmführer) im Reichsministerium des Innern beim RSHA in der Abteilung VI Ausland. Im September wurde er in die Verwaltung für Personal und Organisation versetzt. Einen Monat später war er als Hilfsreferent in der Gruppe C (Nachrichten Ost) im nachrichtendienstlichen Bereich mit der Sowjetunion tätig, da er russische Sprachkenntnisse besaß. Im August 1944 erhielt er den Rang eines SS-Sturmbannführers. Um den Kämpfen in Berlin zu entgehen, ließ sich Selma L. mit den Kindern nach Oberschlesien evakuieren. (StAB 4,89/3-921; BA B 162/5226) Im gleichen Jahr wurde in Rosenberg/Olesno das vierte Kind geboren. (StAB 4,82/1) Der Fluchtweg von dort nach Westen führte die Lumms mutmaßlich nach Tschechien, da von einem Aufenthalt in Tepl die Rede war (StAB 4,66-T-6871/72) und viele Flüchtlinge aus Schlesien hier durchzogen. Zudem befand sich im nahen Marienbad ein Genesungsheim der SS.

Nach 1945

Nach Kriegsende kehrte Lumm im Rang eines Assessors mit der Familie unbehelligt nach Bremen zurück und war hier vom 12. Juni 1945 bis August 1946 in der Herzberger Straße 24 bei seinem Vater Paul Lumm gemeldet, der zuletzt als Schiffsmakler tätig gewesen war. (*Bremer Adressbuch;* StAB 4,82/1*)* Wohl wegen der vorangegangenen Evakuierung ordnete er sich bzw. die Familie als Flüchtlinge ein, um diesen Status zu seinen Gunsten zu nutzen. Im gleichen Jahr kam in Bremen das fünfte Kind zur Welt. Bis zur Internierung im April 1946 war er als Bauhilfsarbeiter mit Aufräumarbeiten beschäftigt sowie Empfänger von Fürsorgeunterstützung. Denn als vormaliger Gestapobeamter konnte er nicht wieder im

Polizeidienst unterkommen. Ab September 1946 lebte die Familie bis Juni 1950 in der Myrtentraße in einer Kellerwohnung. (StAB 4,66-I-6871; 4,82/1)

Während des Entnazifizierungsverfahrens stand Lumm zweimal im Fokus der Ermittler. Am 27. April 1946 wurde er durch den CIC verhaftet und erkennungsdienstlich mit Foto und Fingerabdrücken behandelt. Aus einem Meldebogen mit Az. 1155/47 geht klar seine Laufbahn als Nationalsozialist von 1933 bis 1945 hervor. Allerdings verneinte er eine von ihm 1933 beantragte Aufnahme in die SS – sie geschah ohne sein Wissen. Auch seine Dienstzeiten für 1941 wurden nahezu ausgeklammert. Nach seiner Aussage war er im Juli 1941 aus nachrichtendienstlichen Gründen in der Ukraine tätig. Zu seiner Entlastung legte Lumm im April 1947 eine Reihe ›Eidesstattlicher Erklärungen‹ resp. ›Persilscheine‹ vor. So vom norwegisch-österreichischen Generalkonsul und vom Bremer SPD-Mitglied Georg Bleyle. Letzterer sagte aus, dass Lumm nie seine eigenen antifaschistischen Äußerungen gegen ihn verwendet hatte. Ein britischer Zeuge stellte ihn als Mann dar, für den die Familie Grundlage war und darauf seine »liberale Auffassung« beruhte. Zudem konnten er und auch Bleyle sich nicht vorstellen, dass Lumm an irgendwelchen Kriegsverbrechen beteiligt gewesen war. Zu dem ihm verordneten ›Re-educational Program‹ gehörte der Arbeitseinsatz im Internierungslager Darmstadt als Jurist und als Betreuer von Angehörigen des Lagertheaters. Ebenso nahm er an einer freiwilligen ›Demokratie-Schulung‹ teil. Außer ihm befanden sich dort weitere 6642 SS-Männer, die auf ihre Verfahren warteten. In der Entnazifizierungs-Kategorie wurde er zu diesem Zeitpunkt als Mitläufer eingestuft. (StAB 4,66-I-6871/72)

Doch 1948 gewann die Amerikanische Militär-Verwaltung parallel zu den Nürnberger Prozessen die Erkenntnis, dass Lumm seinen Lebenslauf für das Jahr 1941 falsch dargestellt hatte. Gegenüber dem Öffentlichen Kläger in Bremen-Riespot erklärte er allerdings, dass er niemals in der politischen Exekutive der Gestapo tätig gewesen war, sondern ausschließlich in der Verwaltung und in der Grenzpolizei. Am 1. September 1940 sei er auf eigenen Wunsch aus der Polizei ausgeschieden. Mitglied in der SS war er nunmehr durch Gleichschaltung der SS-Polizei geworden. (Ebd)

3 *Hermann Lumm 1946*
erkennungsdienstl. Foto

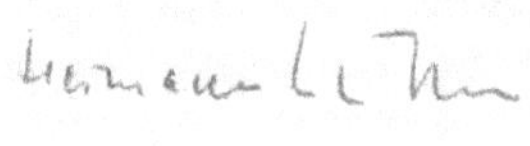

4: *Unterschrift Hermann Lumm*
zur Aussage vom 17.3.1969

Laut Festhalte-Befehl vom 14. Juni 1948 galt er nunmehr als Hauptschuldiger, da er »irreführende Angaben im Melde- und Fragebogen sowie im Lebenslauf (...) gemacht« habe und somit »dringend verdächtig« war. In einem entsprechenden militärischen Fragebogen war Lumm z. B. lediglich mit seinen einzelnen Rängen aufgeführt. Weitere Informationen gab es nicht, auch nicht von ihm selbst. Die Festnahme wurde angeordnet durch die Internierten-Kammer, weil eine »Flucht- und Verdunkelungsgefahr besteht.« Daraufhin wurde er in das Internierungslager Osterort–Riespot in Bremen-Oslebshausen überführt. (StAB 4,66-I-6872)

Nach einigen Monaten Lagerhaft reichte Lumm am 1. November 1948 ein Gnadengesuch ein. Der für politische Befreiung zuständige Senator Lifschütz[8] bemerkte in einem Schreiben vom 22. April 1949 an Bürgermeister Spitta, dass Lumm allerdings »als ausgesprochener Nationalsozialist angesehen werden« muss. »Das erweist seine Tätigkeit als

SA-, SS-, SD-Mann und bei der Gestapo. Er kann dem Geschick dankbar sein, dass ihm eine so glimpfliche Einstufung widerfahren ist«. Denn laut Spruchkammer gehörte er nunmehr zu den Minderbelasteten. Die ihm auferlegte Strafe von 500 DM durfte er in monatlichen Raten von 10 DM abtragen, da er monatlich netto 170 DM verdiente. Doch suchte Lumm 1950 beim Amt für politische Befreiung und beim Präsidenten des Senats um Befreiung von den Sühne- und Verfahrenskosten nach. (Ebd.) Als minderbelasteter Entnazifizierter wurde Lumm zwar nicht angeklagt, musste aber eine schriftliche Aussage im Nürnberger Prozess gegen Erwin Schulz machen. (StAB 4,89/3-921) Nach der Internierung bezog Lumm mit seiner Familie im Juni 1950 eine Gewoba-Wohnung in der Posener Straße in Gröpelingen. Nunmehr war er in der freien Wirtschaft tätig und bemühte sich zunächst vergeblich um eine Wiedereinstellung in den Öffentlichen Dienst.

Mit der endgültigen Liquidation der Entnazifizierung[9] in Bremen im Juni 1951 und dem Inkrafttreten des Artikels 131 GG[10] war auch für Lumm als Minderbelasteten eine Wiedereinstellung in den Öffentlichen Dienst möglich. Dementsprechend sollten in Bremen die entnazifizierten Beamten gemäß ihrer früheren Rechtsstellung untergebracht werden. Eine diesbezügliche Anfrage der Bürgerschaft beantwortete der Senat am 23. April 1952 in einer Bürgerschaftssitzung sinngemäß folgendermaßen: Denen, die bisher nicht untergebracht wurden, sollte eine Unterbringung in Planstellen ermöglicht werden, sofern eine unvertretbare Härte vorlag. (Verhandlungen) Dementsprechend fragte im Juli 1952 der Senator für Inneres wegen einer Überprüfung Lumms beim Senator für Wohlfahrt nach, da dieser für eine Stelle beim Lastenausgleichsamt[11] vorgesehen war. (StAB 4,66-I-6872; 4,82/1; 4,89/3-921) Ungefähr in diesem Zeitfenster dürften er und seine Frau Selma sich entschlossen haben, zum Katholizismus zu konvertieren, was etwa fünf Jahre beanspruchte.

Im Lastenausgleichsamt arbeitete Lumm zunächst als Angestellter und wurde entsprechend seiner Stellung im Dritten Reich im August

1953 zum Regierungsrat befördert. Zwei Jahre später bezogen die Lumms erneut eine Gewoba-Wohnung, jetzt in der Fürther Straße im Findorff-Viertel. Im April 1956 übernahm er die Leitung des Lastenausgleichsamtes mit dem Rang eines Oberregierungsrats. (StAB 4,82/1; 4,89/3-921) Zwar war diese Personalie durchaus von kritischen Tönen der SPD gegen die Leitung durch einen ehemaligen SS-Offizier begleitet. Doch konnte sich der CDU-Senator für Wohlfahrt, Johannes Degener, durchsetzen. So verwies er u. a. »auf eine Erklärung des damaligen SPD-Senators für Arbeit, [Gerhard] van Heukelum«. Dieser sollte bestätigt haben, »während der Zeit des Dritten Reiches bei Vernehmungen durch Lumm fair behandelt worden zu sein.« (*Weser-Kurier* 5.5.1960) Mutmaßlich könnte Lumm politisch nunmehr der CDU nahe gestanden haben. Am 24. Januar 1956 meldeten sich Hermann und Selma Lumm mit den 1944 und 1945 geborenen Kindern aus der Evangelischen Kirche ab (StAB 4,82/1) und engagierten sich als ›gute‹ Katholiken in der Gemeinde St. Johann im Schnoor-Viertel. Im Jahr darauf wurde das sechste Kind geboren, die fünfte Tochter.

Demaskierung

Nach außen lebte Lumm in den nachfolgenden Jahren ein unauffälliges Leben mit seiner Familie und in der Gesellschaft. Noch 1959 gab es im Zusammenhang mit einem Ermittlungsverfahren des Landeskriminalamtes Stuttgart gegen Angehörige des EK 5 hinsichtlich Lumm keine Erkenntnisse. (BA B162/ 16584) Doch Anfang Mai 1960 wurde er unvermutet wegen mutmaßlicher Beteiligung an den Erschießungen von Juden in Lemberg verhaftet und nach Aschaffenburg überstellt, wo Anklage gegen ihn erhoben wurde.

Wie die britische *AJR Information* im Juli meldete, gab Lumm zu, Leiter eines Teilkommandos gewesen zu sein. Ebenso war er im Juli 1941 an der Exekution von 20 Juden in Lemberg beteiligt, doch nicht am Massaker im November.[12] Auch der Bremer *Weser-Kurier* reagierte auf die unerwartete Verhaftung mit einem ausführlichen Artikel am 5. Mai.

Aus diesem geht hervor, dass das Bayerische Landeskriminalamt bereits vor Wochen auf Lumm aufmerksam wurde. Ein in Miltenberg verhafteter früherer SS-Offizier gab an, »daß auch Lumm als SS-Sturmbannführer den Exekutionen im Auftrage des Reichssicherheitshauptamtes beigewohnt habe.« Zeitgleich fragte das niedersächsische Innenministerium telefonisch in Bremen wegen Lumm an, da die Kriminalpolizei in Hannover ebenfalls einen Beschuldigten verhaftet hatte. (StAB 4,89/3-921)

In Sachen Lumm hatte das Amtsgericht Aschaffenburg allerdings bereits Anfang April 1960 einen Haftbefehl verfügt, der aber am 22. April wegen Unzuständigkeit aufgehoben wurde. Doch stellte der dortige Vernehmungsrichter Anfang Mai für Lumm erneut einen Haftbefehl aus, da ein Verbrechen Gegenstand der Untersuchung war und Fluchtgefahr wegen der zu erwartenden Strafe bestand. Ansonsten hätte man ihn wieder freilassen müssen. (Ebd.) In den Briefen der Bremer *Arbeiterpolitik I* erschien dazu im Mai 1960 dazu folgender Artikel:

Anfang Mai 1960 wurde der Leiter des Ausgleichsamts, Hermann Lumm, »endlich verhaftet. Die Staatsanwaltschaft Aschaffenburg bewirkte diese für viele Bremer sensationelle Verhaftung. Lumm musste zugeben, bei der Erschießung polnischer und jüdischer Einwohner im Jahre 1941 dabei gewesen zu sein. Natürlich gab Lumm eine aktive Beteiligung bei diesen Mord[en] nicht zu. Und natürlich wurde Lumm, unter Auflage polizeilicher Meldefristen, wieder nach Richtung Bremen entlassen.« (...) Lumm »hat bisher geschwiegen und ist gut dabei gefahren. Nur ein anderer Beschuldigter belastete ihn.« In Richtung des damaligen Senator für Inneres Adolf Ehlers[13] wurde bemerkt, dieser »sollte sich darüber klar sein, daß Gestapoleute an der Spitze eines hohen Amtes eine unerträgliche Zumutung sind.«

In der Folge wird das prozesshafte Geschehen von Anklage, Verhaftung und Aufhebung dargestellt, so wie es aus Archivalien und Beiträgen ersichtlich ist:

Am 2. Mai legte das Bayerische Landeskriminalamt eine Beschuldigten-Vernehmung nach erfolgter Vorladung von Lumm mit seiner Darstellung der Geschehnisse vor. Diese stimmte aber nicht mit dem oben beschriebenen Verlauf überein. Vor allem soll es keine Aufträge hinsichtlich der Juden-Liquidierungen gegeben haben. Nach seiner eigenen Aussage hörte Lumm erst in Berditschew »von diesen Dingen«. Weitere Einzelheiten konnte er nicht nennen. Seiner Meinung nach nahm das EK 5 bzw. sein Teilkommando auch keine Exekutionen vor. Erst in Kiew hörte er von Massenaktionen. »Auf meine Anordnung und mit meinem Wissen wurden Exekutionen nie durchgeführt.« Was bedeutet, dass sich die anderen Zeugen wohl irrten. Auch nahm Lumm nicht an Exekutionen in Uman teil. Er kam aber zu der Überlegung, dass eine Gruppe seines Teilkommandos in Stawischtsche zurückblieb und wohl entsprechend tätig wurde. (StAB 4,89/3-921)

Am nächsten Tag, dem 3. Mai, erschien Lumm allerdings unaufgefordert bei der Kriminalpolizei und ergänzte seine Aussage. So hatte er nun doch mit seinem Zug an Exekutionen in Lemberg teilgenommen und musste Feuerbefehl auf Order von Erwin Schulz geben. Auch gab es schon vorher Vergeltungsmaßnahmen gegen Juden. Bei seinem Einsatz handelte es sich um zehn Delinquenten, es konnten aber auch mehr gewesen sein, nachdem man ihm Vorhaltungen gemacht hatte. Juden mochten darunter gewesen sein. Er selbst habe aber nicht mitgeschossen, wohl den Befehl gegeben. Das war die einzige Exekution, an der er teilgenommen hatte. Hingegen sagten andere Beschuldigte des EK 5 aus, dass es nach der Einnahme von Lemberg zu Erschießungen von Zivilpersonen außerhalb der Stadt gekommen sei, und zwar in Verbindung zu Partisanentätigkeiten. (Ebd.)

Daraufhin stellte das Amtsgericht Aschaffenburg einen Haftbefehl aus mit der Begründung, Lumm habe 20 Personen erschossen. Dagegen legte dieser sofort Beschwerde ein, die aber abgewiesen wurde. Denn nunmehr galt er als »dringend verdächtig«. Im weiteren Verlauf beurteilte die Staatsanwaltschaft Aschaffenburg am 11. Mai die von Lumms

Anwalt W. Bellmer geforderte Aufhebung des Haftbefehls als unbegründet. Auch der inzwischen begnadigte und wieder in Bremen lebende Erwin Schulz wurde am 17. Mai befragt und gab an, dass Lumm ein Teilkommando innehatte. Weiter erhielten die Einsatzkommandos im August 1941 den Befehl von Himmler, alle jüdischen Männer, die sich nicht im Arbeitseinsatz befanden, als potentielle Gegner zu erschießen. Schulz selbst ordnete die Exekutionen als Vergeltungsmaßnahmen ein. Weiter gab er an, »daß die Angehörigen meines Kommandos bei der harten Durchführung ihrer Aufgaben und der ihnen gegebenen Befehle kein Unrechtsbewußtsein hatten.« Grundlage der Aktionen sei das ›Unternehmen Barbarossa‹ gewesen. (Ebd.)

Am 27. Mai richtete Lumm eine Haftbeschwerde an das zuständige Oberlandesgericht Bamberg. Ebenso erhielt das Gericht eine schriftliche Aussage vom in Bremen tätigen Priester und Religionslehrer Carl Marizy, der sich am 30. Mai für eine Aussetzung des Haftbefehls aussprach. Denn er kannte Lumm seit zehn Jahren als aktives Mitglied der katholischen Kirche in Bremen und als fürsorgliches Familienoberhaupt. Zudem würde aus materieller Hinsicht keine Fluchtgefahr bestehen. Doch wurde die Beschwerde am 1. Juni vom OLG Bamberg verworfen. (Ebd.)

In einem weiteren Aschaffenburger Ermittlungsverfahren gegen zwei ehemalige EK 5–Angehörige wurde auch Lumms Tätigkeit in Stawischtsche erwähnt. Danach kam es mit dem von ihm geleiteten Teilkommando zu mehreren Exekutionen: »Laut Ereignismeldung des Reichssicherheitshauptamtes Nr. 119 v. 20.10.1941 führte das EK 5 am 22. und 23.9.1941 in Uman eine Judenexekution durch, wobei 1412 Juden liquidiert wurden. Diese Exekution wurde von dem Beschuldigten Lumm geführt.« Was bedeutete, gegen ihn wurde Anklage wegen Mordes und Beihilfe zum Mord am 10. Juni 1960 erhoben. (BA B 162/16584) Tatsächlich lautete die Meldung so: »Im Übrigen wurden am 22. und 23.9.41 durch das Einsatzkommando 5 in Uman 1412 Juden exekutiert«, ohne namentliche Nennung von Lumm oder anderen Führern. (Mallmann: Nr. 119)

Die Bremer Generalstaatsanwaltschaft reagierte auf die Causa Lumm so, dass sie am 23. Juni das Verfahren übernahm. Da er nicht als fluchtverdächtig galt, hob das Landgericht Bremen am 27. den Haftbefehl auf und stellte ihn unter Aufsicht. Was bedeutete, dass er sich täglich beim zuständigen Polizeirevier im Findorff-Viertel melden musste. Anfang Juli wurde in Bremen die Voruntersuchung eröffnet und Lumm per Einschreiben am 5. Juli zugestellt, quittiert durch eine der fünf Töchter. (StAB 4,89/3-922) Währenddessen hielt Selma Lumm sich mit ein oder zwei jüngeren Kindern im Benediktinerinnenkloster in Dinklage auf.

Darüber hinaus informierte das Landgericht Aschaffenburg weitere Landgerichte mit vielen Rechtfertigungsversuchen anderer Beschuldigter sowie am 1. August auch die Zentralstelle in Ludwigsburg.[14] Eine sehr ausführliche Schilderung kam vom Arzt Mülberger, der wohl Schulz belastete, aber nicht Lumm. (Ebd.) Das Bremer Landgericht erteilte dann am 25. Oktober 1960 gemäß § 166 GVG die Voruntersuchung zur Sache UR 12/60 gegen Hermann Lumm. Zur Zeugenbefragung wurde bei verschiedenen Haftanstalten und Amtsgerichten nachgefragt. Einer dieser Zeugen hatte im Mai 1960 Suizid begangen, andere beriefen sich auf den Befehlsnotstand. Denn: Die Schießbefehle waren zwar rechtswidrig, jedoch zwingende Befehle des SD. (Ebd.)

Auch von jüdischer Seite verfolgte man die Causa Lumm. So berichtete darüber am 7. Juli 1960 die *AJR Information* wie folgt:

»Hermann Lumm the Bremen Government official who was arrested on charges of complicity in the murder of Jews during the war, has now admitted that he gave order for the execution of 20 Jews near Lvov in July, 1941. He headed an S.S. execution squad at that time, but he denied taking part in the mass murder of Jews, Poles an Russian civilians at Lvov in November of this year. Lumm has been released from custody. It is unlikely, according to the court, that he will try to escape or to hide incriminating evidence.

He has been suspended from his post.«

Ebenso wies die in Tampa, Florida erscheinende *St. Petersburg Times* auf das Verfahren gegen Lumm hin:
>»Bremen authorities reported the arrest of the state claims officer, Hermann Lumm, suspected of having a part in the slaughter of Jews in the Soviet Ukraine in 1941.«

Am 4. Januar 1961 kam es auf Veranlassung des Untersuchungsrichters I beim Landgericht Düsseldorf erneut zu einer Vernehmung im Landgericht Bremen. Es ging um Lumms Aussage als Zeuge in der Voruntersuchung gegen zwei Teilkommandoführer des EK 5 mit dem Aktenzeichen UR 11/60. In der Folge werden einzelne Aussagen von Lumm zitiert und kontextualisiert. Auffällig und falltypisch sind die vielfachen Erinnerungslücken und Vermutungen, die das Verhör durchziehen. (BA B 162/5226)

Zunächst war Lumm nichts mehr über die »Zeit der gemeinsamen Zugehörigkeit zum EK 5« der beiden Beschuldigten bekannt. Wohl äußerte er sich zu Bemerkungen seines Vorgesetzten Schulz. So habe dieser den Befehl Himmlers, »nicht nur die jüdischen Männer, soweit sie nicht im Arbeitseinsatz standen, zu vernichten, sondern auch deren Familienangehörige, an die TK-Führer weitergegeben.« Allerdings ließen seiner Ansicht nach »Haltung und Einstellung von Schulz« erkennen, »daß er diese Dinge nicht billigte.« Denn zu diesem Zeitpunkt war Lumm Stabsführer des EK 5 gewesen, dadurch »ergaben sich mehr Berührungspunkte als zwischen Schulz und anderen Offizieren des EK 5.« (Ebd.) Betont wurde zudem, dass die Ermittlungen gegen Lumm und andere Beschuldigte sich vorwiegend auf Straftaten von Angehörigen des EK 5 bezogen, die im Raum Shitomir-Berditschew tätig waren und vom Standort Stawischtsche aus diese durchführten. (StAB 4,89/3-923)

Laut der nunmehrigen Anklageschrift wegen Beihilfe zum Mord vom 5. Januar 1961 war Lumm lediglich am 4. und 5. Mai 1960 in Untersuchungshaft gewesen und seitdem von ihr verschont.[15] Er wurde angeklagt, bei der »aus niedrigen Beweggründen begangenen Tötung von Menschen wissentlich Hilfe geleistet zu haben, indem er als Zugführer des Einsatzkommandos 5 auf Befehl des Kommandoführers Erwin Schulz den Feuerbefehl zur Erschießung von etwa 20 Personen erstellte, wobei mindestens ein Teil der Personen allein um deswillen erschossen wurden, weil sie Juden waren.« Es war ein Verbrechen strafbar nach § 211 StGB alter und § 48 StGB neuer Fassung in Verbindung mit dem Gesetz zur Ahndung nationalsozialistischer Straftaten. Als Beweismittel wurden folgende Punkte genannt:

- eigene Angaben des Beschuldigten
- 28 Zeugen, darunter Erwin Schulz
- 2 bisherige Urteile von 1953
- Tätigkeits- und Lagebericht SiPo und SD vom 31. Juli 1941 (StAB 4,89/3-922)

Nach der Darlegung seines beruflichen Werdegangs von 1934 bis 1956 wurde der Sachverhalt zum Tatgeschehen mit der genauen Schilderung der von den Russen begangenen Tötungen in den Lemberger Gefängnissen in Verbindung gebracht. Insofern waren für den Angeklagten und den anderen Beteiligten die Exekutionen notwendige Vergeltungsmaßnahmen. Doch gab Schulz in seiner Aussage zu, dass auch viele Unschuldige erschossen wurden. (Ebd.)

Laut Lumms Aussage mussten bei den Exekutionen die Opfer sich vor einem Massengrab aufstellen. Schulz selbst gab als Kommandoführer den Erschießungsbefehl und überließ es den einzelnen Führern, Feuerbefehl zu geben, also auch Lumm. So wurden an einem Tag Mitte Juli 1941 etwa 200 jüdische Personen erschossen. Doch hätte Lumm als Jurist wissen müssen, dass bei derartigen Verbrechen kein Soldat Gehorsam leisten musste. Insofern war das Verhalten des Angeklagten nicht gerechtfertigt und nicht entschuldbar. (Ebd.) Von Seiten der Anklage war daher vorgesehen, ein Verfahren bei der nächsten Schwurgerichtstagung im April 1961 zu eröffnen. (Vgl. *Weser-Kurier,* 14.1. u. 24.1.1961)

Zu seiner Verteidigung legte Lumms Anwalt Bellmer am 10.

Februar einen entsprechenden Schriftsatz vor und nahm die Anschuldigungen sozusagen auseinander. Er argumentierte, dass Lumm nicht überführt worden war, sondern habe »freimütig bekannt, im Juli 1941, in Lemberg einen ihm unterstellten Exekutionskommando den Befehl zum Erschießen von etwa 20 Zivilisten erteilt zu haben.« Außerdem konnte der Angeschuldigte »nach alledem ein <u>sicheres</u> Wissen von dem verbrecherischen <u>Zweck</u> des ihm erteilten Befehls nicht gehabt haben und deshalb auch nach § 47 des Militärstrafgesetzbuches strafrechtlich nicht verantwortlich sein.« Der Vollständigkeit halber wies Bellmer am Schluss seiner Ausführungen darauf hin, »dass die Anklage auch insofern rechtsfehlerhaft erscheint, als sie bei Unterstellung des Bewusstseins unrechten Tuns die Tatbestandsvoraussetzungen einer Beihilfe zum Mord als gegeben ansieht.« Daher beantragte die Verteidigung, dass »die Eröffnung des Hauptverfahrens abzulehnen« und der Angeklagte »ausser Verfolgung zu setzen ist«. (Ebd.)

Dem folgte die Große Strafkammer II des Bremer Landgerichts am 22. März. In der Begründung hieß es laut *Weser-Kurier*, »Lumm sei aus subjektiven Gründen keine Schuld nachzuweisen. Er sei von seinem General getäuscht worden. Unter dem deprimierenden Eindruck mehrerer tausend Ermordeter, die von den Russen in Lemberg zurückgelassen worden waren, habe Lumm geglaubt, die 20 Personen seien mitschuldig am Tode der Polen und Ukrainer.« (23.3.1961) Oberstaatsanwalt Höffler begründete die Außer-Verfolgungssetzung folgendermaßen:

• Laut Artikel III KR634 vom 20.8.1946 war das Militärstrafgesetzbuch vom 10.10.1940 (RGB/V, 1347) nicht mehr anwendbar. Daher dürften strafbare Taten nicht rückwirkend unter Strafandrohung gestellt werden.

• Während der Zugehörigkeit zum Einsatzkommando 5 stand Lumm in einem Befehlsverhältnis und dadurch unter SS- und SD-Gerichtsbarkeit. Demnach handelte er auf Befehl seines Vorgesetzten Schulz.

• Bezogen auf die von den Sowjets zuvor begangenen Verbrechen konnte man die Exekutionen in Lemberg, die als Vergeltungsaktionen eingeordnet wurden, aber nicht als »völkerrechtliche Repressalie« werten, da keine Deutschen unter den Opfern waren.

• Wenn man die Lemberger Aktion richtig wertet, darf man sagen, dass hier »gegen elementare Grundsätze menschlichen Zusammenlebens und gegen die allgemein anerkannte Vorstellungen von Recht und Gesetz verstossen wurde. (4. Strafsenat des Bundesgerichtshofs am 13.3.1959, 4 StR 438/58)«

• Im Falle Lumm wurde argumentiert, er wäre »ein Opfer der Täuschung seines Dienstvorgesetzten Schulz geworden.« (StAB 4,89/3-923)

Die Oberstaatsanwaltschaft legte dagegen am 19. April 1961 eine 35-seitige Beschwerde ein und forderte eine Hauptverhandlung vor dem Schwurgericht. Mit der Beschwerde sollte sich nach Ostern der Strafsenat des Hanseatischen Oberlandesgerichts befassen. Doch in der daraufhin vorgelegten Vernehmung eines damals in Lemberg tätigen Dolmetschers äußerte dieser sich so, dass nicht unbedingt klar war, ob der SS-Offizier, mit dem er damals gesprochen hatte, tatsächlich Lumm war. Denn angeblich war dort auch eine Person namens Loum aus dem Elsass tätig. Diese Aussage trug wohl mit dazu bei, dass der Erste Staatsanwalt am 23. Juni seine Beschwerde zurücknahm. (Ebd.; *Weser-Kurier*, 23.3. u. 28.3.1961)

So verfügte Anfang Juli 1961 das Bremer Landgericht mit Az. 10 a Js 66/60 rechtskräftig, dass

• der Angeschuldigte außer Verfolgung gesetzt wird
• der Haftbefehl aufgehoben wird
• die Kosten des Verfahrens der Staatskasse zur Last fallen.

Nach ausführlicher Begründung wurde festgehalten,

dass nach alledem »der Angeschuldigte (als vorletzter Befehlsempfänger) nicht anders zu behandeln ist als die Polizeireservisten (als letzte Befehlsempfänger), gegen die die eingeleiteten Verfahren auch unter Berücksichtigung des Befehlsnotstandes eingestellt wurden. Ein Schuldbeweis ist mit der gebotenen Sicherheit, die allein eine Bestrafung rechtfertigen könnte, gegen den Angeschuldigten nicht zu führen. (...) Die Wahrscheinlichkeit einer Freisprechung

mangels ausreichenden Schuldnachweises nach einer Hauptverhandlung erscheint demnach ganz erheblich größer als die Wahrscheinlichkeit einer Verurteilung.«

Zudem habe der Angeschuldigte keine Möglichkeit gesehen, sich dem
Befehl zu widersetzen. Auch konnte er nicht erkennen, »wie sich in diesem Fall der sonst so korrekte Vorgesetzte Schulz hätte verhalten können.« Er beging also die Taten, »um der ihm sonst drohenden gegenwär-
tigen Leibes- oder Lebensgefahr zu entgehen«. (StAB 4,89/3-923)

Schlussendlich wurde Hermann Lumm zwar vom Dienst suspendiert,
aber nicht disziplinarisch belangt und verlor daher nicht seine Pensions-
ansprüche. Denn da ein Hauptverfahren nicht stattfand, gab es auch keine
dafür notwendige Verurteilung.[16] Insofern konnte er seine Amtsbezeich-
nung ›Oberregierungsrat‹ beibehalten, mit der er weiterhin im *Bremer
Adressbuch* aufgeführt war. Nochmals musste er am 17. März 1969 auf
der Kriminalwache Bad Godesberg, seinem damaligen zweiten Wohnsitz,
als benannter Entlastungszeuge aussagen. Wiederum konnte er sich nicht
an alles erinnern, wohl an das Zusammentreiben der Juden auf dem Lemberger Sportplatz. Ebenso war ihm eine bestimmte Aktion von Erwin
Schulz noch bekannt. (BA B162/16584)

Zur Person

Es stellt sich die Frage, inwieweit Lumm sich seiner Schuld und des von
ihm begangenen Unrechts bewusst war und wie er inzwischen den Nationalsozialismus einschätzte. Auch die Frage nach der konfessionellen Zugehörigkeit steht im Raum. Unzweifelhaft wurde er von der politischen
Orientierung des Vaters beeinflusst, wie er in einem Verhör auch anmerkte. Was aber wohl lediglich Alibifunktion besaß. Denn bei seiner Hin-
wendung zum Nationalsozialismus war er bereits ein erwachsener Mann,
wenn auch ein junger. Zudem hatte er sich für den Aufenthalt in einem
Arbeitslager des ›Jungstahlhelm‹ entschieden und war mutmaßlich auch
Mitglied dieser Organisation. In der Beurteilung durch seine Vorgesetzten erhielt er das »allerbeste Zeugnis«, war er doch weltanschaulich und

charakterlich gefestigt sowie beliebt und geschätzt. Das »rassische Gesamtbild« ergab ein ›Gut‹ bei sehr großer und schlanker Statur und brünetter Haarfarbe. Ansonsten wurde er als ruhig, selbstbewusst, sachlich und diszipliniert beschrieben. Er wusste »sich in jeder Lage durchzusetzen« und besaß »ausgesprochene Führereigenschaften« (vgl. *Personal-Bericht,* S. 10, StAB 4,66-I-6871/72).

Während der Verhöre durch die Amerikanische Militär-Verwaltung gab Lumm sich recht moderat. Danach war er schon Anfang der 1940er Jahre angeblich vom Nationalsozialismus abgerückt. Mag sein, dass ihm die Erschießungen nicht zusagten, aber bis 1945 stand er gut besoldet mit monatlich etwa 4000 RM in nationalsozialistischen Diensten. Weiter gab er an, dass er den Nationalsozialismus »auf das schärfste« verurteilte. (BA B 162/16584) Doch lassen seine Aussagen und sein Verhalten während des Gerichtsverfahrens keine Momente der Reue und eines Unrechtbewusstseins erkennen. Alles in allem ist Lumm als klassisches Fallbeispiel in der nationalsozialistischen Forschung einzuordnen.

In den Zeugenvernehmungen des Bremer Landgerichts 1960/61 nannte ein Zeuge ihn einen »höchst anständigen Mann«. Weiter war er ein »stiller und ruhiger Mann, der nicht die Halbstarken-Manieren und die Draufgängerart von manchen anderen Vorgesetzten hatte«. In einem Vortrag forderte Lumm auch nicht einen Kadavergehorsam, worüber sich der Zeuge wunderte und den Gedanken hatte, »das will ein Nationalsozialist sein«. Ein anderer Zeuge fand die Einstellung von Lumm eher »staatsfeindlich«. (StAB 4,89/3-923) Tatsächlich kann er als Karrierist bezeichnet werden, dessen effizient betriebener Aufstieg dann allerdings gebrochen wurde.

Auch in persönlichen Angelegenheiten gab es Widersprüche, so in einer der Befragungen im Vorverfahren. Demnach war der Vater nunmehr Kaufmann, er selbst schloss in Bremerhaven die Oberrealschule mit Abitur ab. Bereits vor der Geburt des ersten Kindes nannten er und seine Frau Selma sich Dissidenten resp. Gottgläubige. Laut Meldebogen war die Religionszugehörigkeit der drei ältesten Kinder (1938, 1940,

1941 geboren) mit »diss.« angegeben, die der 1944 und 1945 geborenen später mit »rk« überzeichnet, ebenso beim Ehepaar Lumm. Doch gab es am 24. September 1956 eine Abmeldung bei der »Ev.K. Kanzlei« für ihn, seine Frau und die 1944 und 1945 geborenen Kinder. (StAB 4,82/1) Das würde bedeuten, dass das Ehepaar Lumm und zwei der Kinder 1956 zum Katholizismus konvertierten. Da der oben genannte Pastor Marizy 1960 anmerkte, er würde Lumm seit zehn Jahren kennen, müsste dieser von ihm etwa ab 1950/51 auf die Konversion vorbereitet worden sein. Brachte ihm der Katholizismus mehr Vorteile und einen Raum, wo er sich verstecken konnte? Vielleicht war der neue Glaube als dritte Identität nach dem Protestantismus und dem Nationalsozialismus maßgeblich und sinnstiftend?

Epilog

Für Hermann Lumm bedeutete sein schuldhaftes Verhalten in der Konsequenz eine häufige räumliche Neuverortung nach 1961. Er und seine Frau lebten mit den Kindern zwar weiterhin in Bremen, wechselten aber bis 1966 mehrfach den Wohnsitz. Die von 1955 bis zum April 1966 genutzte Wohnung im Findorff-Viertel fungierte im Zeitfenster 1963 bis 1966 als Erstwohnung, da er nacheinander in Bremen-Nord, in Bad Godesberg und in Ritterhude mit Zweitwohnung gemeldet war. 1963 kam das siebte und letzte Kind der Lumms zur Welt, eine Tochter. Im Oktober 1966 bezog die Familie eine Eigentumswohnung in der Barbarossastraße, Gartenstadt Vahr, wo Selma und Hermann Lumm bis zu ihrem Tod lebten. (Ebd.)

Bis zu seiner Pensionierung 1977 war er u. a. als Justiziar tätig. Laut Meldebogen war er um 1975 als Geschäftsführer des DBB in Bremen eingetragen. (Ebd.) Doch ist er dort und im Bestand des DBB beim Bundesarchiv nicht als solcher registriert und bekannt, wie Nachfragen ergeben haben. Mutmaßlich dürfte er gut genug vernetzt gewesen sein, um sich ein solides Einkommen zu sichern. Im Jahr 2000 endete das Leben von Selma Lumm, die auf See bestattet wurde, im gleichen Jahr am 8. Oktober das von Hermann Lumm. Er selbst ruht in einem Einzelgrab auf dem Riensberger Friedhof, das ein Stein mit einem eingemeißelten Kreuz schmückt. Von der Form her erinnert es an das ihm verliehene Kriegsverdienstkreuz und ornamental an ein verändertes Swastika- bzw. Hitlerkreuz.

Hermann Lumm wurde zwar für die Morde in Lemberg angeklagt, doch müsste nach aktuellem Wissensstand die Anklage ergänzt werden um seine Aktivitäten als Teilkommandoführer im gesamten Operationsgebiet. Mit großer Wahrscheinlichkeit dürfte er nicht nur in Lemberg und Uman schuldig geworden sein, sondern auch beim Durchkämmen der genannten Ortschaften. Vieles davon war seinerzeit nicht bekannt, doch ist ihm nach heutigen Kenntnissen durchaus ein gehöriges Maß an Schuld zuzusprechen. (Vgl. II.2 u. II.3) Stellt man die Aussagen Lumms den tatsächlichen Geschehnissen gegenüber, kommt man unweigerlich zu der Fragestellung: Hat er als Akteur seinen Anteil verdrängt, ihn bewusst verschwiegen oder was?[17]

5: *Kriegsverdienstkreuz mit Schwertern, Kl. II*[17]

6: *Grabstein Hermann Lumm Riensberger Friedhof Bremen*

II

1 *Erwin Schulz*

Erwin Wilhelm Schulz (1900-1981) lebte seit 1923/24 in Bremen, wo er eine Ausbildung im Polizeidienst begann. 1930 wechselte er zur politischen Polizei mit verdeckten Verbindungen zur NSDAP. Dieser trat er 1933 offiziell bei und wurde 1935 Mitglied der SS und des SD. Von 1935 bis 1939 war er Chef der Gestapo in Bremen. Obwohl er kein juristisches Staatsexamen vorweisen konnte, ernannte man ihn 1938 zum Regierungsrat. Im gleichen Jahr hielt er sich für zwei Monate in Graz auf, um dort die Gestapo aufzubauen. Im Frühsommer 1939 war er wieder in Bremen und ab Sommer im böhmischen Reichenberg/Liberec tätig. 1940 arbeitete er kurz als Inspekteur des SD in Hamburg und leitete ab März 1941 in Berlin-Charlottenburg die Führerschule der Sipo bzw. des RSHA. Danach kam er zur Grenzpolizeischule in Pretzsch mit der Weisung, ein Einsatzkommando zu übernehmen. Im Mai 1941 begann unter seiner Führung der Marsch des EK 5 nach Lemberg.

Nach den dortigen Exekutionen Anfang Juli ließ Schulz sich im August nach Berlin versetzen. Denn er konnte nicht glauben, dass die Erschießungsbefehle aus dem RSHA kamen und informierte einen Vorgesetzten mit der Bitte, ihn nach Berlin kommen zu lassen. Dorthin reiste er am 22. August 1941 und kehrte nicht mehr an die Front zurück. Dadurch galt er zwar als Drückeberger, es schmälerte aber nicht seine Karriere: Ab 1942 besaß Schulz den Rang eines SS-Brigadeführers und leitete die Gruppe I a im RSHA, ab Februar 1943 war er Chef des dortigen Amtes I (Personal). Von Mai 1944 bis Kriegsende war er Befehlshaber des SD in Salzburg und hatte kurz das Amt eines Stellvertretenden HSSPF Alpenland inne. (Krausnick; Schneider; Struve; Wildt)

Ab November 1945 waren er und seine Frau wieder in Bremen gemeldet. In der Folge kam es zu mehrfachen Vernehmungen durch den OCCWC. Am 20. Dezember unterschrieb er eine eidesstattliche Erklärung als ehemaliger SS-Brigadeführer und Generalmajor der Polizei. Darin erklärte er u. a., dass die Deckbezeichnung für die Massengräber ›Wasserstellen‹

lautete. (ns-archiv.de: *Dok. ND-3841*) 1947 kam es zur Anklage durch den US-Militärgerichtshof Nr. II im Nürnberger Einsatzgruppen-Prozess. (→ II.2.) Am 10. April 1948 wurde er zu 20 Jahren Festungshaft in Landsberg verurteilt. Doch ab Anfang der 1950er Jahre griff eine ›Gnadenpolitik‹, die aus dem Interesse der westlichen Alliierten an einer Einbindung der BRD in das westliche Bündnis resultierte. So wurde auch das Strafmaß für Schulz 1951 auf 15 Jahre herabgesetzt.

Im Sommer 1952 bemühte Schulz sich um eine Begnadigung und wandte sich deswegen an den Pressesprecher des Bremer Senats Alfred Faust. Dieser leitete das Gesuch weiter an Bürgermeister Wilhelm Kaisen und den Senator für Inneres Adolf Ehlers. Beiden war nur bekannt, dass Schulz von Bremen nach Graz und dann nach Polen versetzt worden war. Weitere Unterlagen waren seinerzeit nicht vorhanden, doch wurde er laut Anmerkung vom Landesamt für Verfassungsschutz von früheren Kollegen und Vorgesetzten vor 1933 sehr geschätzt. Faust selbst kommentierte das Gesuch mit der Bemerkung: »Ich sehe nicht ein, dass man die Generäle frei gibt und die <u>Polizeibeamten</u> (Schulz ist Karriere-Polizist lange vor Hitler) zurückhält.« Für Ehlers war es schwer, nachträglich das Verhalten von Schulz zu rekonstruieren, da die Gestapo-Akten bei Kriegsende vernichtet wurden. Rückfragen bei ehemaligen Kollegen ergaben, dass diese »über ihn ohne Ausnahme positiv« sprachen. Auch die Senatskommission für das Personalwesen verhielt sich nicht ablehnend. Tatsächlich wurde Schulz in Nürnberg nicht wegen der Ermordung von Zivilpersonen angeklagt, sondern für seinen Einmarsch in Polen als Einsatzgruppenleiter. (StAB 4,13/1)

Auf die Hilfe seitens des Bremer Senats reagierte Schulz mit einem Dankbrief an Ehlers. Darüber hatte er »ein so tiefes Gefuehl reinen Gluecks empfunden, wie es nur ein Mensch zu empfinden vermag, der nun seit ueber sieben [?] Jahren hinter Stacheldraht, Mauern und Gittern mit all den widerwaertigen Begleiterscheinungen verbracht hat.« Durch die Hilfe des Senats fand er seinen Glauben wieder, »dass das einzige unumstoessliche Recht die Wahrheit ist.« Kein Wort über Schuld, von ihm begangenes Unrecht und Reue, doch war er sich seiner eigenen Fehler und Irrtümer bewusst. Was ihn stark umtrieb, war sein treuer Dienst gegenüber dem Vaterland. (Ebd.)

Laut Parolebefehl des Gefängnisdirektors in Landsberg wurde Schulz am 9. Januar 1954 um elf Uhr aus der Haft auf Bewährung entlassen. Elf Tage später meldete er sich bei Senator Ehlers, um ihm persönlich zu danken. In Bremen wurden ihm und seiner Frau vom Wohnungsamt eine Wohnung in der Hamburger Straße 151 zugewiesen. Am 26. Mai erhielt er eine Kriegsgefangenenentschädigung von über 4000 DM[18], für die er sich schriftlich überschwänglich bei Ehlers bedankte und ihm von den mit diesem Geld gekauften neuen Möbeln berichtete. Zu diesem Zeitpunkt war er als kaufmännischer Angestellter bei einer Kaffee-Firma tätig. Es wurde ihm gegenüber aber in Absprache mit der Senatskommission für das Personalwesen eine vorzeitige Pensionierung angesprochen, da es in absehbarer Zeit keine Wiedereinstellung für ihn gab. Doch zunächst erhielt er Dienstbezüge von monatlich 417,67 DM für ein Jahr sowie ein Übergangsgeld bis zur Pensionierung 1968 gemäß seinem Rang als Generalmajor der Polizei a. D. (Ebd.)

Danach lebte er bis zu seinem Tod in Bremen unter wechselnden Adressen. Zuletzt war das Ehepaar Schulz in der Parkallee gemeldet. Nach Aussage von Andreas Schulz soll er ein gebrochener Mann gewesen sein. (StAB 4,82/1; Schneider; Schulz, Wildt) Zudem gab es 1967 und 1971 erneut Vernehmungen zum Verfahren gegen einen früheren Kollegen und Vorgesetzten. (StAB Ai-9989-1: A. Schulz)

Zur Ergänzung und um Verwechslungen auszuschließen, ist noch auf **Karl Schulz** (1908-1988) hinzuweisen, der ebenfalls NSDAP-Aktiver war und ab Mai 1945 zunächst bei der Polizei in Schleswig-Holstein tätig wurde. Im September 1952 wurde er in Bremen als Leiter des Landeskriminalamts im Rang eines Oberregierungsrats eingestellt. Später ernannte man ihn zum Kriminalrat und 1960 zum Kriminaldirektor. Vom Senator für Inneres wurde er vor allem wegen seiner Vorkriegskontakte zur britischen Kriminalpolizei eingestellt. Doch trotz seiner Tätigkeit in einer der Einsatzgruppen 1941 konnte ihm in den Ermittlungsverfahren keine schuldhafte Beteiligung an Exekutionen nachgewiesen werden. (Schneider; Wildt)

2 *Die Einsatzgruppen*

Der Reichsführer der SS Heinrich Himmler hatte bereits 1929 damit begonnen, die SS zu einer paramilitärischen Elitetruppe aufzubauen. Hinzu kam 1931 der vom SS-Oberführer Reinhard Heydrich gegründete SD, der ›Sicherheitsdienst des Reichsführers SS‹. Bei der Besetzung der Tschechoslowakei wurde 1938 erstmalig der Begriff Einsatzgruppe verwendet. In der Folge entstanden Einsatzgruppen mit Teil- und Sonderkommandos. Mit dem Überfall auf Polen kam es zu einem Einsatz der Gruppen I bis V.

Im März 1941 sprach Himmler von der Notwendigkeit der Bildung von Einsatzgruppen der Sipo bzw. des SD und ihrem Einsatz im Osten, d. h. Russland. Nahezu zeitgleich vereinbarte Heydrich mit der Wehrmacht, »daß die für das »Unternehmen Barbarossa« vorgesehenen Einsatzgruppen im Rücken der Front operieren sollten.« (Mallmann) Bis Mai hatte Heydrich etwa 3000 Männer gesammelt, die in vier Einsatzgruppen aufgeteilt wurden. In enger Zusammenarbeit mit dem RSHA entstanden diese vier Einsatzgruppen in jeweiliger Bataillonsstärke:

Egr A im Baltikum mit etwa 990 Mann (Heeresgruppe Nord)
     2 Sonderkommandos: 1a, 1b, (1c)
     2 Einsatzkommandos: 2, 3
Egr B/C in nördlicher und mittlerer Ukraine mit etwa 700 Mann
     2 Sonderkommandos: 4a, 4b
     2 Einsatzkommandos: 5, 6
Egr C/B in Weißrussland mit etwa 655 Mann (Hg Mitte)
     2 Sonderkommandos: 7a, 7b
     2 Einsatzkommandos:8, 9
     Vorkommando Moskau

Aus organisatorischen Gründen wurde um den 1. Juli 1941 die Egr B in C umbenannt und die Egr C in B. (Mallmann: Nr. 19)

Egr D in südlicher Ukraine, Bessarabien und Krim mit etwa 600 Mann
     (Hg Süd)
     2 Sonderkommandos: 101, 10b

3 Einsatzkommandos: 11a, 11b, 12

An weiteren Gruppen gab es ab Juli 1941 das EK Tilsit und die Egr z.b.V. (vgl. Anm. 6) von Juli bis Herbst 1941. Zusätzlich gab es das bereits im November 1937 eingerichtete Amt der Höheren SS- und Polizeiführer (HSSPF), die SS- und Polizeiführer in Personalunion waren. Die Diensthierarchie war gegliedert in 1. Reichsführer SS und Chef der Deutschen Polizei mit Reichsführer Heinrich Himmler, 2. die Höheren SS- und Polizeiführer (HSSPF), 3. die SS- und Polizeiführer (SSPF). Ab 1938 waren die HSSPF von großem Einfluss innerhalb der SS. Die Einsatzgruppen wurden jeweils von einem SS- und Polizeiführer und einem Stab geleitet. Diese waren verantwortlich für die Durchführung der polizeilichen Sicherung und verübten vor allem in Osteuropa zahlreiche Kriegsverbrechen, wo ebenfalls die HSSPF Nord, Mitte und Süd aktiv waren. (Varia)

Die Einsatzkommandos waren angewiesen, über ihre Tätigkeit dem RSHA zu berichten. Diese Ereignismeldungen wurden fortlaufend nummeriert, mit einem Datum versehen und erhielten die Kopfzeile *Der Chef der Sicherheitspolizei und des SD, Amt IV A 1 – B Nr. 1 / B41 – Geheime Reichssache*. Insofern wusste nur ein kleiner Teil von den Massenvernichtungsaktionen. (Mallmann; ns-archiv.de) Der größte Teil des Personals kam mit 34 Prozent von der Waffen-SS, von der Gestapo 9 Prozent und vom SD 3,5. Die Einsatzgruppen waren unterteilt in Einsatz/Sonderkommandos und die wiederum in Teil/Exekutionkommandos. Insgesamt waren 35 000 Mann in den Einsatzgruppen tätig. (Krausnick; Varia) In diesen »hochmobilen« Einheiten sollten besonders qualifizierte Gestapo, Kripo- und SD-Männer zur schnellen Bekämpfung der als Reichsfeinde stigmatisierten Personen eingesetzt werden. Im Gegensatz zu Westeuropa bildeten in Osteuropa die Sipo und SD »die Speerspitze im Kampf gegen all jene, die der deutschen Gewaltherrschaft gefährlich werden konnten.« (Mallmann) Auftrag war die angebliche Partisanenbekämpfung hinter der vorrückenden Wehrmacht. Es lag aber noch kein Befehl der Reichskanzlei für einen allgemeinen Judenmord vor. So hielt Heydrich um den 20. Juni 1941 in Pretzsch zwar eine Rede zum ›Unternehmen Barbarossa‹. Doch gehen die Meinungen darüber auseinander, ob er tatsächlich einen Judenvernichtungsbefehl ausgesprochen haben soll. (Ebd.)

Wohl ab Mitte Mai 1941 wurden die Einsatzgruppen in der Grenzpolizeischule Pretzsch mit weiteren Räumlichkeiten in Düben und Bad Schmiedeberg durch das RSHA zusammengezogen und auf ihren Einsatz ab 22. Juni vorbereitet. Wie geplant, folgten die Einsatzgruppen der Wehrmacht und begannen in den besetzten Gebieten sofort mit den Exekutionen jüdischer Zivilisten. Für die angestrebte Judenvernichtung durch die Einsatzgruppen gab es keine direkte schriftliche Anordnung, die zumeist mündlichen Befehle wurden verschleiert erteilt und waren nur wenigen Informierten bekannt. Mit der Durchführung der geplanten Vernichtungsaktionen hatten die Einsatzgruppen auch Einheimische zu aktivieren. Um keine Verunsicherungen aufkommen zu lassen, wurden die Judenmorde unter dem Vorwand der Sicherung des rückwärtigen Kampfgebietes kaschiert. Nach einer Reise durch die westliche Sowjetunion Herbst 1941 ließ Himmler die Einsatzgruppen um 3000 Mann auf 33 000 verstärken. (Krausnick; Varia) Am Holocaust war in besonderem Maße auch der Stab der HSSPF beteiligt, in Ostgalizien die Gruppe Süd. (Mallmann)

Einsatzgruppe C (B)

Die Einsatzgruppe B, resp. C ab 11. Juli 1941, bzw. deren Stab war vom 1. bis 17. Juli in Lemberg stationiert, am 12. Juli in Rowno, am 14. in Zwiahel, ab 18. in Shitomir, ab 17. August in Perwomaisk, ab 19. in Nowo Ukrainka, ab 24. September in Kiew bis August 1942. Letzte Station war ab Februar 1943 Poltawa bis zum Sieg der Roten Armee am 23. September. In diesem Zeitfenster war diese Einsatzgruppe vor allem mit den EKs 4a, 4b und 6 verantwortlich für die Liquidierung tausender Juden. Bis Ende 1941 wurden an die 95 000 Juden von der Einsatzgruppe C exekutiert. Im März 1944 löste das RSHA die sich auf dem Rückzug befindliche Einsatzgruppe C auf. Die genaue Route mit den einzelnen Einsätzen ist u. a.. ausführlich in Krausnick beschrieben. (S. a. jewua.org u. Mallmann)

Einsatzkommando 5

Die Einsatzkommandos waren fortlaufend nummeriert. Zur Einsatzgruppe C (B) gehörten die Sonderkommandos 4a, 4b und die Einsatzkommandos 5 und 6. Die einzelnen EKs waren aufgeteilt in Teil/Exekutionskommandos mit einer Stärke von 20 bis 30 Mann. Das hier relevante EK 5 formierte sich im Juni 1941 in Pretzsch unter der Führung von Erwin Schulz. Im Gegensatz zu den anderen EKs wurden diesem EK weniger Soldaten zugeteilt. Mit dem Einmarsch in Lemberg am 30. Juni begannen am 2. und 4. Juli die ersten Massenerschießungen jüdischer Zivilisten und damit der Holocaust. Danach zog das EK 5 weiter in Richtung Shitomir und löste gegen Ende Juli in Berditschew das Sonderkommando 4b ab. Ein Teilkommando des EK 5 war zudem im Raum Zwiahel aktiv, später durchkämmten die Teilkommandos westlich und südlich von Kiew die Ortschaften. Der größte Teil des EK 5 war im Raum Stawischtsche südwestlich von Kiew tätig. (Ebd.) Laut den *Ereignismeldungen* Nr. 11, 25 und 28 im Juli 1941 waren Kommandos u. a. in Lemberg, Drohobytsch und Przemyśl aktiv. (Mallmann)

Einen Monat später ließ Schulz sich nach Berlin versetzen, sein Nachfolger wurde der SS-Sturmbannführer August Meier (der 1960 angeklagt wurde und in der Haft Suizid beging). Anfang Oktober rückte das EK 5 im Gefolge der Wehrmacht in Kiew ein und blieb dort bis Ende des Monats. Ab Anfang November wurden die Teilkommandos wieder auf naheliegende Ortschaften verteilt, um auch hier ›tätig‹ zu werden. Ungefähr im Januar 1942 wurde das EK 5 aufgelöst, ein Teil des Personals dem SD Kiew zugeordnet und die Teilkommandoführer nach Berlin beordert. Hingegen operierten die EKs 4a, 4b und 6 südöstlich von Kiew bis Ende 1943. (Krausnick; jewua.org) Insgesamt war das EK 5 verantwortlich für die Ermordung von etwa 46 102 Menschen. (Mallmann; Varia)

Sonderkommando 1005

Auch Sonderaktion bzw. Aktion 1005 oder Enterdungsaktion genannt. Im RSHA wurde zwischen Januar und März 1942 eine Art Planungsstab eingerichtet, um die in Massengräbern abgelegten Leichen ermordeter Juden und Kriegsgefangener in den Operationsgebieten der Egr C und D zu exhumieren und zu verbrennen. Führer der Aktion war SS-Standartenführer Paul Blobel, der im Sommer 1942 damit begann, im ersten Vernichtungslager des Holocaust Chełmno (Kulmhof) bei Lodz verschiedene Möglichkeiten zur Beseitigung der Leichen auszuprobieren: Nach deren Verbrennung wurden die Rückstände in einer Knochenmühle zermahlen und in den umliegenden Wäldern verstreut. Mit dieser Aktion sollten die Mordspuren so verwischt werden, dass die Opfer zahlenmäßig nicht mehr nachgewiesen werden konnten. Im Juni 1943 kam das SK 1005 erstmalig im Lemberger Janowska-Lager zum Einsatz, wobei die dort Gefangenen die ›Aufräum‹arbeiten erledigen mussten. (USHMM)

Einsatzgruppenprozess

Der sogenannte Einsatzgruppenprozess wurde als neunter von 12 Nürnberger Nachfolgeprozessen im September 947 bis April 1948 im Schwurgerichtssaal 600 des Nürnberger Justizpalastes durchgeführt. Er gilt als größter und grausigster Mordprozess in der Geschichte. Die Beweismittel lagerten in drei/vier Aktenordnern in der Gestapozentrale Berlin. Die Papiere waren voller Zahlen, sodass der Chefankläger Benjamin Ferencz (*1920 in Rumänien) zur Auswertung eine Rechenmaschine benötigte. Von den 3000 Mitgliedern wurden 24 angeklagt, Sie stammten alle aus der höherschichtigen Zivilgesellschaft, darunter auch ein protestantischer Pfarrer. Von den Angeklagten wurden 14 zum Tode verurteilt, zwei zu lebenslänglicher Haft, fünf zu Freiheitsstrafen, einer beging Selbstmord, einer schied wegen Krankheit aus, einem wurde die Untersuchungshaft angerechnet. Nach Meinung von Ferencz bildeten die Angeklagten lediglich eine Stichprobe aus der Tätergruppe, darunter auch der oben dargestellte Erwin Schulz sowie Paul Blobel. (*Spiegel online* 16.10.2006; *Die Zeit* Nr. 14, 28.3.2018; Varia)

3 *Lemberg und das Janowska-Lager / Berditschew / Uman / Kiew*

Das im 13. Jahrhundert gegründete, an der Via regia[19] liegende Lemberg erhielt 1352 das deutsche Stadtrecht und war vom 18. bis 19. Jahrhundert Hauptstadt des österreichischen Kronlandes Galizien. Von 1919 bis 1939 gehörte es zu Polen und hieß Lwów. Unter der nachfolgenden russischen

Herrschaft bis 1941 hieß es Lwow, mit ukrainischem Namen Lwiw. Ab Ende Juni 1941 gehörte die Stadt zum deutschen Generalgouvernement und wurde wieder Lemberg genannt.

Nach dem deutschen Überfall auf Polen im September 1939 wurde, bedingt durch den Hitler-Stalin-Pakt, das östliche Galizien mit Lemberg von der Roten Armee besetzt. Als Reaktion auf den Einmarsch deutscher Truppen im Sommer 1941 inhaftierte das NKWD in Lemberg an die 4000 politische Gegner. Auf dieses Vorgehen reagierten ukrainische Nationalisten mit einem Aufstand, der zu erneuten Verhaftungen führte. Dadurch, dass der deutsche Vormarsch sehr schnell vorankam, sah sich die Rote Armee genötigt, die insgesamt 5000 Gefangenen in einer Großaktion um den 22. Juni zu ermorden. Die von der Wehrmacht aufgefundenen Leichen wurden protokolliert und fotografiert, um sie zu Propaganda- und Vergeltungszwecken als Alibi zu benutzen.

Seit Jahrhunderten war Lemberg eines der wichtigen Zentren jüdischer Kultur und jüdischen Lebens. Das wurde mit dem Einmarsch der deutschen Wehrmacht und der nachfolgenden Einsatzgruppe C am 30. Juni 1941 jäh ge- und zerstört, da es zu sofortigen Vernichtungsaktionen kam. Nach den ersten Massenexekutionen Anfang Juli 1941 wurde zum Ende des Monats ein siebenköpfiger ›Judenrat‹ installiert, der bei der Deportation von Juden in Konzentrationslager mitwirken musste. Nach Aussage von Erwin Schulz hätten am 26. Juli Bewohner Lembergs etwa 1000 Juden unter Misshandlungen zusammengetrieben und sie zu dem von der Wehrmacht besetzten Gefängnis gebracht. (Krausnick) Bei diesem Petlura genannten Pogrom wurden 2000 Juden von ukrainischen Nationalisten umgebracht. Ab dem 15. August hatten alle Juden eine weiße Armbinde mit blauem Davidsstern zu tragen. (Varia)

Monate später wurde zwischen dem 8. November und 8. Dezember 1941 das im Westen Lembergs gelegene ›Jüdische Viertel‹, die ›Schtot‹, mit Altem Friedhof und Hospital zu einem Ghetto umgewandelt. Es erstreckte sich von der vul. Serbska im nördlichen Teil hin zur vul. Rappaporta im südlichen Teil. Das Ghetto wurde durchschnitten von einer nach Osten führenden Eisenbahnlinie, zugehöriger Bahnhof war die

Klepariw-Station. Hierhin mussten zwischen dem 15. November und dem 15. Dezember alle in Lemberg lebenden Juden umziehen. Es hatte vier Ein- bzw. Ausgänge im südlichen Teil, während der nördliche deutlich größer war. Ein Haupteingang befand sich an der unteren vul. Peltewna, ein zweiter an der Peltewna-Eisenbahnbrücke. Zwei kleinere Eingänge lagen an der vul. Zrodlana/Dzherelna und an der vul. Klepariwska. Zuvor hatten alle nichtjüdischen Bewohner das Viertel zu verlassen. In dem relativ kleinen Gebiet wurden bis zu 120 000 Juden auch aus umliegenden Ortschaften untergebracht, darunter Simon Wiesenthal.[20] Das Ghetto wurde vollständig segregiert und eine Ausgangssperre verhängt. Nach Darstellung von Adolf Folkman[21] bestand der ursprüngliche Teil zumeist aus kleinen Häusern ohne Wasserleitung, Strom- und Gas. Auch hier hatte der Judenrat bei der Deportation von Juden in das Vernichtungslager Belzec[22] aktiv zu sein. So wurden allein im April 1942 an die 15 000 Juden dorthin gebracht. Im Sommer kamen nochmals 50 000 nach Belzec und ein Teil in das nahe Janowska-Lager. (deathcamps. org: *Lviv Ghetto;* Pohl; Varia)

Die noch in Lemberg lebenden Juden blieben zunächst in dem im August 1942 und dann nochmals im Herbst räumlich sehr stark verkleinerten Ghetto. Zuletzt bildete es ein eng eingegrenztes Dreieck zwischen vul. Kresowa, vul. Zamarstynoska und der Bahnlinie. Im Januar 1943 wurde der Judenrat aufgelöst und das restliche Ghetto als Arbeitslager genutzt. Am 5. und 15. Januar wurden etwa 10 000 Juden ohne Arbeitskarte aus dem Ghetto geholt und zwei Tage später in dem Sanddünengelände Piaski ermordet. Später im Mai wurden auch Juden mit Arbeitskarte exekutiert. Zum 1. Juni 1943 löste die SS das Ghetto-Lager auf und begann im Janowska-Lager mit der Beseitigung der Exekutionsspuren. Auffällig ist die funktionale Nähe von Ghetto, Janowska-Lager, Exekutionsplatz Piaski, Sportplatz und Klepariw Station.

Am Holocaust in Ost-Galizien mit dem Zentrum Lemberg war maßgeblich der SS Brigadeführer und SSPF Fritz Katzmann (1906-1957) beteiligt. Ab Juli 1941 bis April 1943 war er als Generalmajor der Polizei in Lemberg eingesetzt. Hier richtete er ein Netz von Arbeitslagern ein, wozu auch das Janowska-Lager und ein Lager in Boreslaw-Drohobytsch gehörten. In einem Bericht vom 30. Juni 1941 legte Katzmann seine Sicht der »Lösung der Judenfrage im Distrikt Galizien« dar. »Die beste Handhabe« hierzu sah er in der Bildung von Zwangsarbeitslagern. Ab dem 15. Oktober 1941 konnten sieben Lager mit 4000 Juden belegt werden. In der Folge wurden weitere Lager eingerichtet. Diese durchliefen »rd. 20.000 jüdische Arbeitskräfte«. Angestrebt wurde deren laufende Reduzierung, sprich: Liquidierung. (Varia; herder-institut.de)

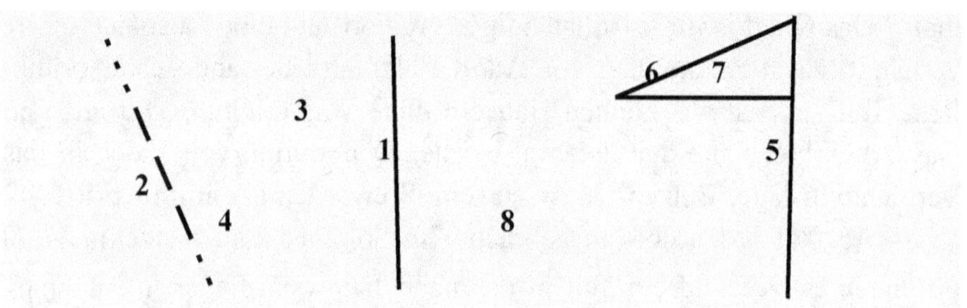

Skizze 2: *Lemberg West (Krakauer Vorstadt)*

1 - Janowska-Lager   4 - Klepariw-Station   7 - Holocaust-Denkmal
2 - Piaski-Sanddünen   5 - Ghetto 1941/42   8 - Alter Jüdischer Friedhof
3 - Sportplatz   6 - Ghetto Herbst 1942

Janowska-Lager / Yaniwskij Tabor

Im September 1941 übernahm die Wehrmacht ein Fabrikgelände in der damaligen vul. Janowska 134 und nutzte es kurz als Versorgungsbetrieb. Die Anlage befand sich an der Bahnlinie Richtung Belzec bzw. Chelm nahe dem Bahnhof Klepariw, mit dem das Lager per Gleisanschlusss verbunden war. Am 8. Oktober wurde mit der Unterbringung von 500 jüdischen Männern das ›Zwangsarbeitslager Lemberg-Janowska‹ eingerichtet. Es war primär als Durchgangslager gedacht und gehörte zum SS-Unternehmen Deutsche Ausrüstungswerke (DAW). Im Klartext war es ein im Rahmen der Endlösung eingerichtetes Judenlager. Anfang 1942 wurde es auf Befehl von Friedrich Katzmann erweitert und für 10 000 Häftlinge ausgebaut.

Ab Sommer 1942 bis November 1943 wurden nahebei jenseits

der Bahnlinie im ›Tal des Todes‹, dem Piaski-Sandgelände, nach zwei- bis dreimonatigem Lageraufenthalt und Arbeitseinsatz 110 000 bis 120 000 Juden aus Lemberg und Umgebung ermordet. Das geschah ebenfalls unter Mithilfe des Bataillons ›Nachtigall‹. Vom Lager aus wurde im Sommer 1942 mit Massendeportationen in das Vernichtungslager Belzec begonnen. (Pohl; Struve) 1943 wurde es auch als Vernichtungslager ge- nutzt, indem man Neuankommende sofort im Piaski-Gelände liquidierte.

Im Juni 1943 wurde eine ›Todesbrigade‹ aus Lagerinsassen aufgestellt, die im Rahmen der Sonderaktion 1005 (→ II.2) die in den Massengräbern abgelegten Leichen auszugraben und zu verbrennen hat- te. Die Rückstände wurden mit einer dafür konstruierten Knochenmühle zermahlen, das Knochenmehl in der Natur verstreut. (deathcamps. org; Varia) Während dieser Aktion wurden einige SS-Leute von Angehörigen einer kleinen jüdischen Untergrundgruppe getötet, was zur Ermordung von weiteren 3000 Juden führte. Auch im Janowska-Lager wurden erneut 7000 Personen ermordet, so in der Nacht vom 28. zum 29. Juli 1943. Zu den Überlebenden gehörte der oben genannte und in Anm. 21 dargestellte Folkman. (Varia)

Im Frühjahr 1944 änderte sich die Situation, die deutsche Besat- zungsarmee war inzwischen stark dezimiert und befand sich auf dem Rückzug. In Lemberg verbliebene restliche Wehrmachtsangehörige wur- den im Mai 1944 vor dem Anrücken der Roten Armee dem Bataillon 800 zugeordnet und zogen sich bis nach Breslau zurück. Das Lager selbst wurde am 23. Juli 1944 geräumt, zurück blieben etwa 200 bis 300 Über- lebende. (Vgl. Pohl; s. a. Eliyahu Yones, *Smoke in the Sand. The Jews of Lvov in the war years 1939-1944;* Simon/ Stratenwerth/Hinrichs, *Lemberg: Eine Reise nach Europa;* Thomas Sandkühler, *Endlösung in Galizien*)

Zu den wenigen überlebenden Zwangsarbeitern des Janowska- Lagers gehört auch Alexander Schwarz (*1924 in Boryslaw), der mehr- fachen Erschießungsaktionen entkommen und 1943 flüchten konnte. Er überlebte in den Karpaten, studierte Kybernetik in Polen, promovierte und emigrierte 1968 mit seiner Familie nach München. (Vgl. *WeltN24,* 19.7.2004) Heute erinnert ein Gedenkstein an die dort umgekommenen etwa 50 000 Juden. Diese stammten aus Lemberg selbst und aus dem weiteren Umkreis. So aus dem über 60 Kilometer entfernten, durch seine Ölindustrie bekannten Boryslaw/Boryslav[23] und dem benachbarten Drohobytsch. Die Bedingungen im Lager waren »mörderisch« und boten kaum Chancen eines Überlebens. Menschenleben wurden hier vor allem durch äußerst harte Arbeit vernichtet, wie Pohl ausführt. Die direkt im Lager erfolgten Erschießungen führte zumeist ukrainisches Wachpersonal durch.

7: *Holocaust-Denkmal Lemberg*

8 *Jüdischer Friedhof Berditschew: Feld mit ›Stiefel‹-Grabsteinen (1981)*

Berditschew / Uman / Kiew

Die Stadt **Berditschew** besteht seit dem 14. Jahrhundert und war seit dem 18. Jahrhundert eines der wichtigen Zentren jüdisch-chassidischen Lebens. Man nannte sie auch ›Wolhynisches Jerusalem‹, die zudem als jüdischste Stadt im alten Russland und der Ukraine galt. 1939 lebten hier etwa 38 000 Juden. Ab dem 7. Juli 1941 kam es zur systematischen Ermordung der jüdischen Bevölkerung nach dem Einmarsch der deutschen Wehrmacht und des nachfolgenden EKs 4a. So wurden auf dem Gelände des ehemaligen Klosters der Unbeschuhten Karmeliterinnen viele Juden inhaftiert und erschossen. In einer Großaktion der SS am 14. September wurde morgens um vier Uhr das im August eingerichtete Ghetto abgeriegelt und an die 18 600 Juden zum Flugplatz getrieben, wo sie am nächsten Tag vom SK 4a erschossen wurden. Das noch bestehende

Ghetto wurde im Sommer 1943 liquidiert. An den Exekutionen soll neben dem SK 4a auch das EK 5 beteiligt gewesen sein und zwar unter dem Befehl der HSSPF Süd, so Christ. (*Dynamik*; s.a. BMF-*Ghettoliste*) Mitte Januar 1944 befreite die Rote Armee Berditschew und 15 jüdische Überlebende.

Von den 1939 im seinerzeit bedeutenden chassidischen **Uman** lebenden 13 000 Juden sollten am 22./23. September 1941 an die 8000 Juden von der Einsatzgruppe C bzw. dem EK 5 liquidiert werden. Doch kam es bereits am 21. zu massiven Angriffen durch die ukrainische Miliz und Wehrmachtsangehörige. Einem Teil der Juden gelang die Flucht, sodass am 22./23. ›nur‹ noch 1412 Juden in der Schlucht Suchoj Jar im angrenzenden Dorf Gorodetskoje exekutiert werden konnten. Denn, bedingt durch die hohe Zahl zuvor geflüchteter Juden, hatte die »Systematik der Aktion des Einsatzkommandos 5 naturgemäß außerordentlich gelitten«, so der Wortlaut der *Ereignismeldung 119*. (Mallmann) Die in Uman verbliebenen Juden wurden im Oktober in einem neu eingerichteten Ghetto zusammengefasst. Fast zeitgleich wurden am 10. Oktober 5400 exekutiert und bis April 1942 weitere Tausende. Zudem wurden im April 1000 Kinder aus dem Ghetto geholt, um auch diese in Gorodetskoje zu ermorden. Die genaue Zahl der hier liquidierten Juden ist nicht bekannt, sie schwankt zwischen 14 000, 17 000 und 19 000. (Varia; s a. BMF-*Ghettoliste*)

In **Kiew** lebten 1939 etwa 224 000 Juden. Ein großer Teil konnte durch rechtzeitige Flucht den Holocaust überleben, während kurz nach dem deutschen Einmarsch tausende Juden liquidiert wurden. Am 29./30. September 1941 ermordete das EK 4a in Babi Jar/Babyn Jar bei Kiew 33 771 Juden, denen zuvor eine Umsiedlung versprochen worden war. In der Folge wurden weitere 15 000 und mehr ermordet. (Varia)

4. *Denkmäler und aktuelle Situation*

Entlang der oben beschriebenen Marschstrecke der Einsatzgruppe C befinden sich heute verschiedene Denkmäler als Orte des Gedenkens und der Mahnung:

- In Lemberg erinnert nicht nur ein Denkmal am Platz des ehemaligen

Janowska-Lagers an die dortigen Exekutionen und Deportationen, ebenso das oben abgebildete Holocaust-Denkmal. Dieses befindet sich nahe der Peltewna-Eisenbahnbrücke auf dem Areal des ehemaligen Ghettos von 1942. Das für massenhafte Exekutionen genutzte Sandgelände Piaski ist aktuell eine Brache.

- Im Ghetto Drohobytsch wurde eine Gedenkmauer errichtet.
- In Shitomir erinnert ein Denkmal an die dort ermordeten Juden.
- Auf dem Massengrab der ermordeten Juden in Zwiahel wurde 1995 ein Denkmal des jüdischen Künstlers Josef Tabachnyk aufgestellt
- In Berditschew befinden sich mehrere Denkmäler. So auf dem zerstörten Jüdischen Friedhof, auf dem ehemaligen Exekutionsplatz nahe dem Flughafen und auf dem Gelände des früheren Karmeliterinnen-Klosters. Viele kleine Gedenksteine sind zudem verstreut in der Stadt und im Umland abgelegt worden und manchmal schwer als solche zu erkennen.
- In Uman wurde in der Schlucht Suchoj Jar ein obeliskenhaftes Denkmal zur Erinnerung an die Juden-Massaker 1941 und 1942 errichtet.
- In Kiew erinnert ebenfalls ein wuchtiges Denkmal an die Ermordung der Juden in Babi Jar.

Das einstmals reiche jüdische Leben in Ostgalizien wurde durch den Holocaust nahezu ausgelöscht. Die ehemaligen Schtetl in Ortschaften wie Berditschew, Drohobytsch, Shitomir und Uman existieren nicht mehr, ebenso wie die größeren Schtot in Lemberg und Kiew. Ein Großteil der wenigen überlebenden Juden emigrierte nach 1945 nach Westeuropa, in die USA und nach Israel. Insgesamt haben in diesem Gebiet 731 jüdische Friedhöfe den Holocaust überstanden, ihnen gegenüber stehen 495 Massengräber. In der Oblast Lemberg liegt das Verhältnis bei 81 zu 17, in der von Shitomir bei 65 zu 71 und in Kiew bei 50 zu 17. (Varia) Doch war Ostgalizien keine »multikulturelle Idylle«, wie Natan Sznaider im *Tagesspiegel* (18.9.2016) ausführt. Polen, Ukrainer und Juden waren nicht nur ethnische Gegner. Weiter betont er: »Die Landschaften des Grauens sind auch Landschaften des Verschwundenen.«

Hier soll noch daran erinnert werden, dass in Ostgalizien drei

sehr berühmte jüdische Schriftsteller geboren und aufgewachsen sind:
• Joseph Conrad (1857-1924) aus Berditschew, wo er als J.T.N.K. Korzeniowski lebte. Gestorben ist er in Großbritannien.
• Joseph Roth (1894-1939). Er ist in Brody östlich von Lemberg geboren und in Paris gestorben.
• Bruno Schulz (1892-1942) lebte in Drohobytsch und wurde im Ghetto von einem SS-Mann auf offener Straße erschossen.

In **Lemberg** sind von den ehemals etwa 7 Synagogen und 150 Bethäusern (hier variieren die Angaben) zu Anfang des Zweiten Weltkriegs nur zwei übrig geblieben. An der Ecke vul. Klepariwska und vul. Rappaporta liegt der Alte Jüdische Friedhof, der vom 14. Jahrhundert bis 1855 genutzt wurde. Er wurde 1947/48 zerstört, erhalten geblieben sind Teile der Umzäunung und Reste zerstörter Grabsteine nahe dem an der angrenzenden vul. Rappaporta 4–8 liegenden ehemaligen jüdischen Krankenhaus Beit Holim. Dieses wurde 1901 im maurischen Stil mit großer Kuppel erbaut. Heute ist in dem Komplex weiterhin ein Krankenhaus etabliert. Seit 1947/48 wird ein großer Bereich des Alten Friedhofs als Marktgelände genutzt, und ist, da dieser Teil Lembergs zur sogenannten Krakauer Vorstadt gehört, als Krakauer Markt bekannt. Viele der zerstörten Gabsteine wurden für die Anlegung des Marktes verwendet. (Varia)

Neben dem Alten Friedhof wurde nach 1855 im westlich außerhalb der Stadt liegenden Janowska-Bereich (Shewchenkivskyi-Distrikt) der Neue Jüdische Friedhof angelegt, der 1943 zwar zerstört wurde, aber inzwischen Teil des Yaniw-Friedhofs ist. Außerdem gab es noch den Kleinen Friedhof, der ebenfalls nicht mehr existiert. Auch das ehemalige Judenviertel ist als solches verschwunden, die älteste Synagoge ›Beit Chasidim‹ wurde zerstört. Von der großen Synagoge ›Goldene Rose‹ ist nur eine Ruine geblieben, deren Wiederaufbau aber geplant sein soll. Diese und die Reste des Alten Friedhofs sowie das Areal des jüdischen Krankenhauses erinnern an das Gewesene. Aktuell gibt es in Lemberg eine kleine Synagogengemeinde, aber keinen benutzbaren jüdischen Friedhof. Heutiges religiöses Zentrum ist die 1924 erbaute ›Tsori Gilod‹-Synagoge in der vul. Bratiw Mikhnowskykh 4. (Varia)

1941 gab es in **Berditschew** drei jüdische Friedhöfe. Der größte und zum Teil ummauerte Friedhof wies etwa 5000 Grabsteine auf und wurde im 18. Jahrhundert angelegt. Bereits vor dem Zweiten Weltkrieg gab es vandalistische Zerstörungen. Nach 1945 ist er erheblich geschrumpft, die letzte Beerdigung fand Anfang der 1970er Jahre statt. Auf einem Teilbereich wurden zudem Garagen und andere Bauten errichtet. Bis in die 1990er Jahre ist pflegten ihn zwar noch ukrainische und ausländische Juden, doch war er danach gekennzeichnet durch natürliche Erosion mit starker Überwucherung. Inzwischen wurde die Anlage restauriert, ebenso das Gräberfeld mit den Grabsteinen in Stiefelform[24], das auch an die ›Verschwundenen‹ erinnern soll. Aktuell befindet sich der Friedhof mit dem Grab des Rabbi Levi Jizchak in öffentlichem Besitz. Die beiden anderen Friedhöfe sind inzwischen Teil einer Parkanlage, während sich seit 1972 auf einem allgemeinen Friedhof ein jüdischer Abschnitt befindet. (Varia)

Nach Kriegsende kehrten tausende jüdische Überlebende nach Berditschew zurück, um 1991 lebten dort etwa 14 000 Juden, deren Zahl sich aber infolge der politischen Ereignisse stark verringerte. Einmal jährlich besuchen chassidische Juden aus aller Welt das Grab des berühmten Zaddik (Gerechter) und Rabbiner Levi Jizchak (1740-1810) an seinem möglichen Todestag, dem 15. Dezember. Dann »vibriert die Luft vor Gebet und Gesang«. (*Neue Zürcher Zeitung online*, 12.4.2016) Ebenso kommen viele Juden alljährlich am 15. September zu den Massengräbern in Berditschew, um des Massakers zu gedenken. 2016 lebten hier an die 300 zumeist ältere Juden. (Christ; Varia)

Ende der 1950er Jahre wohnten 2200 Juden in **Uman**, 1957 wurde die einzige noch bestehende Synagoge aufgegeben, ebenso der jüdische Friedhof. Letzterer war im Zweiten Weltkrieg ziemlich zerstört worden, später nutzte man das Gelände zum Teil als Bauland. Nicht ein einziger Grabstein soll erhalten geblieben sein. Das Grabmal des berühmten Rabbi Nachman Breslower/Braclav (1772-1810) ist inzwischen umringt von hoch aufragenden Neubauten. Weiterhin ist es ein populäres Ziel chassidischer Juden aus aller Welt, insbesondere am jüdischen Neujahrsfest Rosh Hashana. Zum Grabmal gehört ein Speisesaal, in dem Pilger kostenlos mit Essen versorgt werden. Ende der 1960er Jahre lag die Zahl jüdischer Einwohner bei 1000, aktuell sollen etwa 500 Juden noch in Uman leben. Diese sind in zwei Gemeinden organisiert: eine lokale und eine der Breslower Chassiden. (jewua.org/*uman*)

Nach 1945 kehrte ein Teil der geflüchteten Juden wieder nach **Kiew** zurück, doch kam es unter der sowjetischen Zugehörigkeit erneut zu Angriffen auf Juden mit vier Toten. Die 1946 eröffnete Synagoge wurde 1960 geschlossen, 1962 der jüdische Friedhof. Der Friedhof von Babi Jar wurde zerstört, ist aber inzwischen restauriert worden. Bedingt durch die 1991 propagierte Selbständigkeit der Ukraine emigrierten seitdem viele Juden aus Kiew nach Westeuropa und Israel. Aktuell gibt es zwei jüdische Gemeinden mit jeweiligen Synagogen und Schulen. Nach dem Maidan-Putsch 2015 verließen etwa 75 000 Juden die Ukraine. In Kiew selbst leben zur Zeit etwa 110 000 Juden, womit sie die größte jüdische Community in der Ukraine bilden. (Jewish Cemeteries; Varia; YIVO Encyclopedia)

9 *Klezmorim, Ukraine 1925*

10: *Chassidische Juden in Uman*
Rosh Hashanah 2010

III

Anmerkungen

[0] Die geografischen Namen werden hier analog zur Schreibweise in den Quellen aufgeführt und sind versehen mit der aktuellen ukrainischen.

[1] Der ›Stahlhelm, Bund der Frontsoldaten‹ organisierte sich zum Ende des ErstenWeltkriegs und agierte gegen die demokratische Weimarer Republik. Er galt als bewaffneter Arm der Deutschnationalen und war offen demokratiefeindlich und rassistisch, gleichzeitig aber auch Konkurrent und Bündnispartner der Nationalsozialisten. 1933 erfolgte die Gleichschaltung in die SA mit Nähe zur SS. Im November 1935 wurde die Organisation aufgelöst. – Der ›Jungstahlhelm‹ wurde im Januar 1924 für die Altersgruppe der 17-20-Jährigen gegründet. Er vertrat zehn Gebote unter dem Motto: Sei ein gläubiger und kämpfender Christ. In den Arbeitslagern wurden Kultivierungsarbeiten, Wegebau u. a. m. durchgeführt. Hier sollten junge Leute durch ein lagerpädagogisches Programm geprägt werden. Im Mittelpunkt standen Arbeit und Kameradschaft. (Varia) Mutmaßlich war Lumm Mitglied in diesem Verband und wurde insofern 1933 auch Mitglied der SS.

[2] ›Gottgläubig‹ resp. ›Dissident‹ war im Nationalsozialismus eine ab 1936 angewandte Bezeichnung für Diejenigen, die früher einer Kirche angehört hatten. Sie stand zwar für ›konfessionslos‹, sollte aber als Ersatz eine gläubige Verbundenheit mit der Ideologie der Nazis zeigen. Dagegen wandte sich 1937 Papst Pius XI in einer Enzyklika.

[3] Jeder SS-Mann musste vor seiner Heirat eine Genehmigung des Reichsführers SS einholen. Damit sollten die »besten Blutlinien im Sippenbuch« festgelegt und vermehrt werden. In das vom Rasseamt der SS geführte Sippenbuch wurden die Familien der SS-Angehörigen nach Erteilung der Heiratsgenehmigung eingetragen. (Vgl. Cornelia Schmitz-Berning, *Vokabular des Nationalsozialismus*) Diesen Vorgang muss Lumm wohl im Entnazifizierungsverfahren ›vergessen‹ haben.

[4] Die Grenzpolizeischule Pretzsch wurde 1937/38 von der Gestapo im dortigen Schloss eingerichtet. Sie diente als Schulungsort für die Eingliederung von SS-Einheiten in die reguläre Grenzpolizei und der Sipo. Die stramm-militärische Ausbildung lag bei der Gestapo, die ab 1940 Kurzlehrgänge für von der SS abgeordnete Ersatzkräfte gab. Mit dem Abmarsch der hier ausgebildeten Ein-

satzkommandos in Richtung Osten wurde die Schule im Sommer 1941 aufgelöst. – Das Reichssicherheitshauptamt wurde im September 1939 von Heinrich Himmler mit der Zusammenlegung von Sipo und SD gegründet, was den Höhepunkt des nationalsozialistischen Gewaltapparats darstellte und alle sicherheitspolitischen und nachrichtendienstliche Belange umfasste. Ihm unterstellt waren die Einsatzgruppen in den besetzten Gebieten, damit auch die Einsatzkommandos. Organisatorisch wies das Amt eine straffe Gliederung auf.

[5] Deckname der Nazis für den Überfall der Wehrmacht auf die Sowjetunion am 22. Juni 1941. Das Programm sah vor, den gesamten europäischen Teil der UdSSR zu erobern, politische und militärische Führungskräfte zu ermorden und einen erheblichen Teil der Zivilbevölkerung (vor allem Juden) zu vernichten.

[6] Das Teil/Sonderkommando 4a zog mit der Wehrmacht im Juni 1941 über Lemberg weiter nach Zwiahel, von wo aus Exekutionsaktionen z. B. in Berditschew durchgeführt wurden (vgl. II.3). Letztendlich wurde dort fast die gesamte jüdische Bevölkerung, das war die Hälfte der 66 306 Einwohner, liquidiert. Für das Massaker am 29./30. September 1941 in Babi Jar bei Kiew war ebenfalls das EK 4a verantwortlich. Bis November 1941 war Paul Blobel (1894-1951, hingerichtet) der Führer dieses Kommandos. Später leitete er das Sonderkommando 1005. – Im September 1941 besetzten Mitglieder des Kommandos z.b.V. Schlüsselstellungen in dem neu geschaffenen Distrikt Ostgalizien. Sie waren die Haupttäter des dortigen Holocaust mit erheblicher Eigeninitiative der nicht immer von oben angeordneten Liquidierungen.

[7] Am 14. Sept. 1939 besetzten deutsche Truppen diese polnische Grenzstadt. Kurz darauf wurden wichtige jüdische Persönlichkeiten festgesetzt und 600 Juden durch die 1. Gebirgsdivision der Wehrmacht ermordet. Mit dem Hitler-Stalin-Pakt wurde Przemyśl sowjetisch. Zwischen April und Mai 1940 wurden etwa 7000 Juden in die Sowjetunion deportiert. Am 28. Juni 1941 besetzten erneut die deutschen Truppen Przemyśl, wo noch 16 500 Juden lebten. Die Gestapo bzw. das SS-Grenzpolizeikommissariat begann sofort, jüdische Zwangsarbeiter zu rekrutieren. Im Frühjahr 1942 kam es zu weiteren Rekrutierungen, so auch für das Lemberger Janowska-Lager. Im Juli wurde ein Ghetto eingerichtet mit erneuten Deportationen. Nach Bełzec kamen allein 6500 Juden. Bis 1944 dauerten die Deportationen an, kaum jemand überlebte. (deathcamps. org)

[8] Dr. jur. Alexander Lifschütz (1890-1969) war ein aus Berlin gebürtiger, evangelisch getaufter Jude. 1934 flüchtete er in die Niederlande und kehrte 1945 nach Bremen zurück. Von 1947 bis 1949 war er Senator für politische

Befreiung. Später war er bis zu seinem Tod Präsident des bremischen Staatsgerichtshofs. Aktuell ist eine Straße in Bremen-Obervieland nach ihm benannt. – Als eigenes Ressort wurde 1947 in Bremen die senatorische Behörde für politische Befreiung eingerichtet, wobei die gesamte Bevölkerung per Meldebogen erfasst wurde. Nach Ende der Entnazifizierungsverfahren 1949 wurde diese Behörde abgeschafft, 1950 erfolgte die endgültige Einstellung der Entnazifizierung, siehe nachfolgende Anmerkung.

[9] 1949 verließ der amerikanische Entnazifizierungsoffizier Joseph Napoli Bremen mit dem Resümee, dass die Entnazifizierung ein Fehlschlag war. Denn im Öffentlichen Dienst waren noch solche Kräfte tätig wie vor 1945. In Bremen wurde im Juni 1951 die endgültige Liquidation der Entnazifizierung beschlossen, der heftige politische Kontroversen vorausgegangen waren. Endgültig geschlossen wurde die Akte 1953 und blieb jahrzehntelang unter Verschluss. (Vgl. Hesse)

[10] Mit Artikel 131 GG vom 11.5.1951 (BGBl 1:307f) sollte die Rechtsstellung von Beamten, die noch vor dem 8. Mai 1945 in einem Beamtenverhältnis standen, geregelt werden. Danach durften alle, die während der Entnazifizierung als Hauptverdächtige oder Belastete eingestuft worden waren, wieder eingestellt werden. Informell wurden die Betroffenen ›131er‹ genannt.

[11] Im August 1949 wurde als vorläufiges Solidarprogramm der Lastenausgleich eingeführt und in den Ausgleichsämtern bearbeitet. Mit dem am 14. August 1952 vorgelegten Lastenausgleichsgesetz (LAG) wurde die Entschädigung für im Zweiten Weltkrieg entstandene Vermögensschäden geregelt. Es trat am 1. September in Kraft und betraf u. a. Flüchtlinge und Vertriebene aus den ehemaligen deutschen Ostgebieten sowie Kriegsgeschädigte. Laut § 313 wurde die Ausgleichsverwaltung in Bremen zum 1. November 2017 aufgelöst. Zuständig ist nunmehr das Bundesausgleichsamt.

[12] Bei den ›Umzügen‹ der Juden in das Lemberger Ghetto im November 1941 wurden 5000 ältere und kranke Personen erschossen. Doch war Lumm wirklich an der Erschießung von nur 20 Juden beteiligt? Das dürfte bei der hohen Zahl Ermordeter fraglich sein.

[13] Adolf Ehlers (1898–1978). In Bremen geborener und aufgewachsener Handlungsgehilfe und Schweißer. Nach Mitgliedschaft in KPD und KPO engagierte er sich 1931 in der SAPD. Ab 1933 war er politisch illegal tätig und leistete in Bremen dank seines Engagements die erfolgreichste Untergrundarbeit der

SAPD. Ab 1934 stand er in engem Kontakt zu den skandinavischen Stützpunkten der Partei und koordinierte den Kurierdienst dorthin. Im Mai 1945 wechselte er zur SPD und war danach tätig als Senator für Gesundheit und Wohlfahrt, als Innensenator und als Bürgermeister. (StAB 7,144; 7,144-19) Möglicherweise gab es bis 1940 zwischen ihm und Lumm insofern Kontakt, dass dieser als Leiter des Passwesens im Raum Bremerhaven gelegentlich bei Kurieren etwas ›übersehen‹ haben könnte. (Dünzelmann)

[14] In Reaktion auf die Ulmer Einsatzgruppen-Prozesse 1957/58 erfolgte im November/Dezember 1958 die Einrichtung einer ›Zentralen Stelle der Landesjustizverwaltungen zur Aufklärung nationalsozialistischer Verbrechen‹ in Ludwigsburg, allgemein ›Ludwigsburger Zentrale Stelle‹ genannt. Seit 2000 befinden sich die aktuell nicht mehr benötigten Unterlagen in der Ludwigsburger Außenstelle des Bundesarchivs. Die angeschlossene Forschungsstelle Ludwigsburg (der Universität Stuttgart) ist für die wissenschaftliche Auswertung und Bearbeitung zuständig. Nach Ende des Zweiten Weltkriegs wurde in Berlin-Zehlendorf das ›Berlin Document Center‹ (BDC) von der US-amerikanischen Verwaltung gegründet. Seit 1994 untersteht es dem Bundesarchiv.

[15] Im März 1961 meldete die *AJR,* dass die Untersuchung gegen Lumm wegen seiner Beteiligung an den SS-Aktivitäten fortgesetzt würde.

[16] Im Jahresrückblick 1961 wurde der Vorgang in den Briefen der *Arbeiterpolitik* so kommentiert:

»Der SS-Sturmbannführer Lumm erfreut sich allerbester Gesundheit und der absoluten Gerechtigkeit. Gegen ihn schwebte ein Verfahren vor der 2. Großen Strafkammer des Landgerichtes in Bremen« Das Hauptverfahren wurde abgelehnt mit der Begründung, »Lumm sei bei seiner Untat einer Täuschung zum Opfer gefallen. (Hatte er geglaubt, die 20 ermordeten Polen wären aus Pappe?)«

[17] Vor allem das Kriegsdienstkreuz mit Schwertern Klasse II wurde »für besondere Verdienste bei Einsatz unter feindlicher Waffenwirkung oder für besondere Verdienste in der militärischen Kriegsführung« ab 1939 verliehen, aber auch für zivile Dienste und für Angehörige der Einsatzgruppen. Bei dieser Empfängergruppe deutet die Verteilung auf eine Teilnahme an Gewaltaktionen hin, d. h. sie war eine Belobigung für die Morde in den besetzten Gebieten. Besonders 1942 wurden die Kreuze massenhaft verliehen. Nach 1945 gaben die Träger sich gern als militärische Kämpfer gegen kommunistische Partisanen aus, so Dieter Pohl in *Die Zeit,* Nr. 24/2008. Auch Lumm kämpfte gegen den Bolsche-

wismus, der angeblich von Juden durchsetzt war – so wie die Sowjetunion ein »reinster Judenstaat« war. (Mallmann: Nr. 127) In der Formgebung lehnte es sich an das Malteserkreuz an.

[18] Schulz war als von einem alliierten Gericht nach 1946 Verurteilter insofern bezugsberechtigt, dass er nunmehr eine Unbedenklichkeitsbescheinigung vorlegen konnte. So erhielt er bei seiner Freilassung für jeden Monat Haft 60 DM. (Vgl. BGB I, Nr. 2, 2.2.1954) Demnach dürfte er über 4100 DM erhalten haben.

[19] Entlang der berühmten Via Regia, der heutigen E 40, wurde 2011 im Rahmen der ›Geschichtswerkstatt Europa‹ und in Zusammenarbeit mit Wissenschaftler/Innen aus Deutschland, Polen und Ukraine vom Europarat die E 40 als Kulturstraße und Erinnerungspfad eingerichtet. Die Via Regia begann in Kiew (als ein Ausläufer der Seidenstraße) und führte über Lemberg, Krakau, Breslau, Leipzig, Erfurt, Mainz bis nach Antwerpen. Die an dieser Route aufgenommenen Denkmäler stehen als Mahnmale für die Zerstörungen des 20. Jahrhunderts. (www.via-regia.org)

[20] Simon Wiesenthal (1908-2005), späterer Gründer des Dokumentationszentrums *Jüdische Historische Dokumentation,* wurde im Juli 1941 in Lemberg verhaftet, während seine Frau Cyla vorerst nach Polen entkommen konnte und dann als Zwangsarbeiterin den Holocaust im Rheinland überlebte. Simon W. war in insgesamt 12 Arbeits- und Konzentrationslagern inhaftiert, zuletzt in Mauthausen.

[21] Adolf Folkman (1907-1977) lebte in Lemberg und war Angestellter bei der Krakauer Glasfabrik. Seit 1938 war er mit Elza Binder verheiratet und wohnte in der damaligen vul. Nabielaka. Am 30. Juni 1941 wurde ihre Wohnung beschlagnahmt, sie lebten dann bei ihrem Vater, einem Wertstoffhändler. Dieser wohnte im Haus eines Priesters und war so vorerst geschützt. Seine Stellung in der Glasfabrik konnte AF behalten, musste aber dem oben erwähnten Katzmann behilflich sein, die Fabrik in die Treuhänderschaft des Deutschen Wirtschaftsverbandes zu überführen. Im November 1941 erfolgte die ›Umsiedlung‹ in das Lemberger Ghetto. Ende April 1943 sollten Folkman und Binder in das Janowska-Lager deportiert werden. Auf dem Weg dorthin gelang ihnen die Flucht in den Untergrund, während Elza inzwischen in Radomsko nahe Łodz lebte. Am 15. Juli 1943 entkamen beide ebenfalls nach Radomsko, von wo AF weiter nach Warschau reiste. Hingegen blieben Elza und ihr Vater in Radomsko und werden mutmaßlich zu den 20 000 Juden gehört haben, die am 21. Juli 1943 nach Treblinka oder in das Pionki-Arbeitslager nahe Radom deportiert wurden und

nicht überlebten.

In Warschau gelang es ihm, mit gefälschten Unterlagen als Volksdeutscher namens Adam Reinertz bei der Organisation Todt, einer paramilitärischen Bautruppe, Arbeit für den Einsatz in Norwegen zu finden und dadurch zu überleben. Am 22. August 1943 erhielt er ein Dienstbuch mit der Nr. A 013103 und wurde zusammen mit anderen Arbeitern über Berlin nach Stettin gebracht. Weiter ging es per Schiff nach Oslo und mit dem Zug zum Polarkreis, um beim Bau der Nordland-Bahn eingesetzt zu werden. Zusammen mit einem Kameraden flüchtete er am 16. Oktober nach Schweden. Sie wurden freundlich aufgenommen und reisten gut versorgt nach Stockholm, wo AF bald Kontakt zu dem aus Ungarn stammenden und mit Willy Brandt befreundeten Politologen Stefan (Istvan) Szende hatte. (Vgl. Dünzelmann, *Stockholmer Spaziergänge*) Diesem erzählte er seine Überlebensgeschichte, die Szende 1944 auf Schwedisch unter dem Titel *Den siste juden från Polen* veröffentlichte. 1945 erschien es auf Deutsch (*Der letzte Jude aus Polen*) im Europa-Verlag. Folkman heiratete später erneut und lebte mit der Familie im Stockholmer Stadtteil Enskede. Er und seine Frau Eva sind auf dem Södra Judiska begravningsplatsen Sköndal beerdigt.

[22] Das in Polen liegende Vernichtungslager Belzec im Distrikt Lublin wurde im Mai 1940 mit dorthin deportierten Sinti und Roma als Arbeitslager errichtet. Wenig später wurden hier etwa 10 000 polnische Juden inhaftiert und dann auf verschiedene Zweiglager verteilt. Im November 1941 wurde unter Leitung der SS mit dem Bau eines Lagers mit fest installierter Gaskammer und Gleisanschluss begonnen. In den folgenden vier Wochen wurden 75 000 Juden umgebracht. Im Dezember wurden die Tötungen gestoppt, da die Massengräber überfüllt waren. Anfang Januar 1943 meldete der Lagerkommandant SS-Sturmbannführer Hermann Höfle die Ermordung von 434 508 Juden. Das alles geschah im Rahmen der ›Aktion Reinhardt‹, welche die systematische Ermordung von Juden sowie Sinti und Roma im deutsch besetzten Polen und Ukraine betrieb, und zwar von Sommer 1942 bis Sommer 1943.(Varia)

[23] Bei Ankunft der Deutschen in diesem Ort wurden sofort 300 Juden erschossen, und zwar von Ukrainern und Polen unter deutschem Befehl. Die dortige Ölgrube wurde von der Karpathen-Öl AG übernommen, die in der Folge jüdische Zwangsarbeiter beschäftigte. Von denen konnte der Unternehmer Berthold Beitz im August 1942 etwa 100 vor dem Transport nach Belzec retten. Im November wurden 1500 Juden ermordet, in den nachfolgenden Wintermonaten

starben im neu eingerichteten Ghetto viele durch Hunger, Kälte und Elend. Von Ende Juli bis Anfang November 1942 wurden über 8500 Juden aus Boryslaw, Drohobytsch und Pidbusch nach Lemberg in das Janowska-Lager und nach Belzec deportiert.

[24] Schuhe stehen oft als Symbol für Erdung, aber auch für die Loslösung von der Erde, für das von ihr Trennende und das Fortgehen. Daran sollen z. B. die 60 Bronzeschuhe des ungarischen Bildhauers Gyula Pauer (1941-2012) erinnern, die er 2005 in Budapest am Donaukai als Memorial für den Judenmord 1944/45 durch ungarische Faschisten installierte.

Bezüglich der Stiefel-Grabsteine in Berditschew wird von ukrainischer Seite erklärt, dass sie erstens eine regionale Eigenart darstellen, zweitens sollen sie in der Herstellung günstiger gewesen sein. (Lt. Adam Kerpel-Fronius, Projektleitung Gedenkstättenportal) Doch dürften sie auch auf das Verschwinden von Menschen hinweisen, die selbst einmal solches Schuhwerk trugen und nicht mehr benötigten. Dadurch ist das inzwischen wieder hergerichtete Gräberfeld nicht nur ein Raum der Toten, sondern erhält auch einen denkmalhaften Charakter. (www.memorialmuseums.org; Google Earth: Berditschew mit Foto von 2016.)

Abkürzungen

BA	Bundesarchiv
BGB	Bundesgesetzblatt
CIC	Counter Intelligence Corps
EGr	Einsatzgruppe
EK	Einsatzkommando
GG	Grundgesetz
GVG	Gerichtsverfassungsgesetz
HSSPF	Höhere SS- und Polizeiführer
	SSPF = SS- Polizeiführer;
NKWD	Volkskommissariat f. Innere Angelegenheiten (der UdSSR)
NSDAP	Nationalsozialistische Deutsche Arbeiter-Partei
NSV	Nationalsozialistische Volkswohlfahrt
OCCWC	Office of the U.S. Chief of Counsel for War Crimes
RSHA	Reichssicherheitshauptamt
SAPD	Sozialistische Arbeiterpartei Deutschland
SD	Sicherheitsdienst
Sipo	Sicherheitspolizei

SK	Sonderkommando
SS	Schutzstaffel
StAB	Staatsarchiv Bremen
StGB	Strafgesetzbuch
vul	vulica = Straße, ukr. (ulica = russ.)

Abbildungsnachweise

Umschlag: Weser-Kurier 5. Mai 1960 (StAB)

Abb. 1: StAB 10,B AL-1647, Bild 46, Foto: unbekannt

2: wikimedia.org. CC BY-SA 3.0, Foto: unbekannt. (BA 183-A0706-00018-029)

3: StAB 4,66-I-6871

4: BA B 162/16584

5: Reichsgesetzblatt 24.10.1939 (gemeinfrei)

6: © Anne E Dünzelmann

7: wikimedia.org. CC By-SA 3.0; Foto: Glaube /26.8.2010)

8: depositephotos_15425201-stockphoto; royalty-free-license. Foto: Eillen_1981

9: wikimedia.org. CC By-SA 3.0. Foto: Троханцук/Trochantschuk. (2010/2013)

10: wikimedia.org. CC BY-SA 3.0; Foto: Вадимр. (2010)

Quellen und Literatur

Ungedruckte Quellen

BA/Zentrale Stelle der Landesjustizverwaltungen Ludwigsburg

    B 162/5226   (Einsatzkommando 5)

    B 162/16584 (Dr. Hans Krieger)

    Bl. 549-552 (Vernehmungsprotokoll 4. Januar 1961)

    B 301ct 179 (Mitteilungsblatt für die Staatspolizeileitstelle Berlin. Geheime Staatspolizei. Nur für den Dienstgebrauch. Nr. 4/1942, 23. Januar und Nr. 11/1942, 13. März)

BMF-ghettoliste / bundesfinanzministerium.de

Death Camps (ACR) / deathcamps.org

Document Collections Wiener Library

    Index of (Nazi) Names

Dws-zip.pl / Numery czlonków SS (© 2009)

Inconvenient history

    Vol. 5 (2013) No. 3 (www.inconvenienthistory.com/5/3/3220

Jewua.org

    History of Jewish Communities in Ukraine

Jewish Cemeteries

    Synagogues and Mass Grave Sites in Ukraine. Washington 2005. Pdf

NS-Archiv.de

StAB (Staatsarchiv Bremen)

    4,13/1-P.1.c.1. No. 7 (Personalangelegenheiten Staatspolizeidienststelle)

    4,39/2- (Realgymnasium Bremen)

    4,66-I-6871/72 (Entnazifizierung: Hermann Lumm 1 u. 2)

    4,82/1 vierte Schicht. Meldekarte Hermann und Selma Lumm

    4,89/3-921; -922; -923 bzw. FB 2850 (Strafsache Hermann Lumm wegen Beihilfe zum Mord §211, 48 StgB)

    10,B AL-1647

USHMM / United States Holocaust Memorial Museum

Varia: deacademia.com; Wikipedia u. a. m.

Materialien

AJR INFORMATION (Asscociation of Jewish Refugees in Great Britain)
Vol. XV, No. 7, July 1960.
Vol. XVI, No. 3, March 1961.

ARBEITERPOLITK
Gruppe Bremen. Informationen/Briefe 1960–1962. Neudruck:
– 1. Mai 1960: GESTAPO im Bremer Ausgleichsamt.
– Jahresrückblick 1961. Betr. SS-Sturmbannführer Lumm.

HEER, HANNES
Blutige Ouvertüre. Lemberg, 30. Juni 1941: Mit dem Einmarsch der Wehrmachtstruppe beginnt der Judenmord. ZEIT Online, 21.6.2001.

JTA (Jewish Telegraphic Agency)
12. Mai 1960: Es wird die Verhaftung von Hermann Lumm, Leiter des Ausgleichsamtes in Bremen, gemeldet. Er soll 1941 an der Ermordung von Juden in Lemberg teilgenommen bzw. sie befehligt haben.

ST. PETERSBURG TIMES
(War Crime Trials End in Some German Areas). 9. Mai 1960.

VERHANDLUNGEN ZWISCHEN SENAT UND BÜRGERSCHAFT
11.5.1951; 20.2.1952; 23.4.1952. (StAB)

WESER-KURIER Bremen
5.5.1960; 14.1.1961; 24.1.1961; 23.3.1961; 29.3.1961 (StAB)

YIVO ENCYLOPEDIA. Institute for Jewish Research. Yale University
Jews in Eastern Europe: Nathan Meir, Kiev. 2010.

Literatur

CHRIST, MICHAELA
Die Dynamik des Tötens. Die Ermordung der Juden in Berditschew. Frankfurt am Main 2011 (Fischer-Taschenbuch).

DÜNZELMANN, ANNE E
Adolf Ehlers: aktiv im Widerstand. In Vorbereitung.

HESSE, HANS
Konstruktion der Unschuld. Die Entnazifizierung am Beispiel von Bremen und Bremerhaven 1945-1953. Bremen 2005 (Selbstverlag Staatsarchiv Bremen).

KRAUSNICK, HELMUT

Hitlers Einsatzgruppen. Die Truppe des Weltanschauungskrieges 1938–1942. Frankfurt am Main 1985 (Fischer TB).

MALLMANN, KLAUS-MICHAEL / ANDREJ ANGRICK/JÜRGEN MATTHÄUS / MARTIN CÜPPERS (Hrsg.)

Die »Ereignismeldungen« UdSSR 1941. Dokumente der Einsatzgruppen in der Sowjetunion (= Veröffentlichungen der Forschungsstelle Ludwigsburg, Bd. 20). Darmstadt 2011 (Wissenschaftliche Buchgesellschaft).

POHL, DIETER

Nationalsozialistische Judenverfolgung in Ostgalizien 1941–1944. München 1997 (Oldenbourg).

SCHNEIDER, KARL

Auswärts eingesetzt. Bremer Polizeibataillons und der Holocaust. Essen 2011 (Klartext).

SCHULZ, ANDREAS

Erwin Wilhelm Schulz: SS-Brigadeführer und Generalmajor der Polizei. Bremen 2011 (StAB Ai-9989-1).

STRUVE, KAI

Deutsche Herrschaft, ukrainischer Nationalismus, antijüdische Gewalt. Der Sommer 1941 in der Westukraine. FN 493. Göttingen 2005 (Vandenhoeck & Ruprecht).

SZENDE, STEFAN

Der letzte Jude aus Polen. Zürich/New York 1945 (Europa-Verlag).

WILDT, MICHAEL

Generation des Unbedingten: das Führungskorps des Reichssicherheitshauptamtes. Hamburg 2002 (Hamburger Edition).